U0781705

编 委 会

主　　编：丁　洪

副 主 编：孙晓梅　石晓奕　陈宝全

执 行 主 编：刘文静

执行副主编：李振文

宁夏人文地理新探丛书

银川市新闻传媒集团 编

银川城记

YINCHUAN CHENGJI

黄河出版传媒集团

宁夏人民出版社

图书在版编目(CIP)数据

银川城记 / 银川市新闻传媒集团编. —银川:宁夏人民出版社,2018.5

(宁夏人文地理新探丛书)

ISBN 978-7-227-06909-6

Ⅰ.①银… Ⅱ.①银… Ⅲ.①银川—地方史 Ⅳ.①K294.31

中国版本图书馆CIP数据核字(2018)第124630号

宁夏人文地理新探丛书

银川城记 银川市新闻传媒集团 编

责任编辑 闫金萍

责任校对 杨 皎

封面设计 张 宁

责任印刷 肖 艳

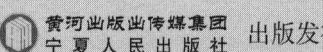 黄河出版传媒集团 宁夏人民出版社 出版发行

地　　址　宁夏银川市北京东路139号出版大厦(750001)

网　　址　http://www.yrpubm.com

网上书店　http://www.hh-book.com

电子信箱　nxrmcbs@126.com

邮购电话　0951-5052104　5052106

经　　销　全国新华书店

印刷装订　宁夏银报智能印刷科技有限公司

印刷委托书号 (宁) 0009922

开本　880 mm × 1230 mm　1/32

印张　6.875　　字数　140千字

版次　2018年7月第1版

印次　2018年7月第1次印刷

书号　ISBN 978-7-227-06909-6

定价　38.00元

总　序

　　每一片土地都有属于它的性格和气质,从而成为有别于他处、可称为魅力的所在。这种魅力的形成,会有很多的来源和累积。人文地理,便是其中至关重要的一个方面。

　　宁夏地处祖国西北内陆,有着独特的地理历史渊源,从古至今的地理留存和人文资源极为丰富,诸如黄河、草原、大漠、山脉、平原、长城等,皆成为这片土地形成其独特气质的厚重载体。

　　《宁夏人文地理新探丛书》包括《文化地图》《银川城记》《宁夏制造》《寻味宁夏》《讲述》五册,是一套书写本土人文地理的文章合集,内容触及面广,细致而深入。既有对久远文明履痕的探索,也有对今时人们日常生活的文化心理和习惯的展现;既有对多种类文化遗产的客观报道,又有对当下文化现象的深入思考。

　　从宁夏流行音乐30年掠影,到那些年我们造过的拖拉机，从宁夏航运1500年到宁夏航空80年，从石嘴山瓷器到300年宁夏小曲人与事……《宁夏制造》一书中一处处珍贵的文明印痕，诉说着宁夏独有的人文内涵和精神气质。

一座城，就像一本生动的书。在《银川城记》里，我们聊起这座城市的往昔。矗立于闹市中的鼓楼，见证着银川久远丰富的历史；亲切熟悉的西门桥，讲述着这座城市的古今变迁；还有一条条亲切的老街巷，雕刻着老银川的时光岁月。

《文化地图》一书的脚步，带你细细踏勘我们生活着的这片土地。南长滩，梨花深处的动人故事；仁存渡，活跃于宁夏平原的千年古渡；中卫莫家楼，渡口故事里的珍贵记忆；丝绸之路在固原，水洞沟百年发现之旅……古往今来，各种人文地理故事在宁夏这片土地上激荡交融，留下了独特又令人赞叹的文化步履。

看罢过往，还有当下。一座城市的灵动，是由生活在这座城市的人所亲手谱写的。在《讲述》一书中，从一个护工的内心世界，到一名女狱警的经历自述；从90后入殓师，到人体模特，还有急诊科里的"南丁格尔"……一个个普通人物的人生故事，让这座城市变得不平凡。

此外，还有同样亲切的美食故事，但又不止是美食。在《寻味宁夏》一书里，你将看到名声在外的盐池羊肉，宁夏第一味——辣，来自蒿草尖上的美味蒿子面，贺兰山的馈赠

——紫蘑菇，乡间美味黄米糕，朴实无华的生氽面……一道道带着宁夏独特味道的美食，见证着这里的风土人情、民俗民风，使人们有滋有味地认识了这一方身处大西北个性十足的土地。

《宁夏人文地理新探丛书》所有的文字，来源于《银川晚报》每周一期的《文化周刊》。这份周刊自2003年创刊以来，一直专注于宁夏境内人文地理领域的挖掘和探索，使本土文化得以发扬。我们认为作为一家媒体，不仅要对当下的社会行进、经济发展、生存状态有所担当，还要对人文历史有所承载，对开拓未来有所承诺。

这套丛书虽然是系列报道的合集，但仍然较为深入和系统地触及到了宁夏人文地理的各个角落，尤其是中华人民共和国成立以及宁夏回族自治区成立60年来，这片土地上的人文变迁、生活变化，既有客观性和历史性，又有对当下文化和生活的记录与思考。其中，对大量亟需留存的人文历史记忆的采写，对民间文化和非物质文化遗产的记录，对行进中的城市生活和人们生存状态的书写，无疑为后人留下了宝贵的第一手资料，也为本土文化和传统文化的承续和保护，留下了一份翔实的人文记录。

一方水土，自有它的文化与气质。宁夏的文化气质是什么，有几多？希望这套丛书能带给你一些新知与思考。对于本土人文地理的深入挖掘和探究，我们也将一如继往地进行下去，将宁夏的文化与传承更好地记录下来。

留一份记忆，写一份生活，为了我们生息的这片土地。

2018·5·17

目　录

宗睦巷：一条老巷，多样情怀

宗睦巷，一个颇具古意和传统的字眼。走过今天的宗睦巷，它有着的不仅是丰厚的过往，还有生动鲜活的当下。历史与现代的交融，让这条闹市中的老巷子，具有了许多不一样的故事与情怀。

从历史深处走来

宗睦巷，全长不到两公里，宽度也不过七八米。此巷在利民街以东路段，原名宗木巷，以西为西门三道巷，1947年，分别更名为宗睦巷、永平巷。1962年，合并更改为现名。巷内分布有银川市第五幼儿园、兴庆区回民第三小学、银川市宗睦幼儿园等单位机构。

在如今城市日新月异的发展中，宗睦巷实在算不上是条多么显眼的街道。然而，就是这小小的巷道，却有着几个本土历史上的"第一"。清代，这里建立的"银川书院"，是首次以"银川"作为城市别称来命名一个半官方机构，今日银川之得名，与此一脉相承。民国，这条小巷里曾创设过一家面粉公司，它不仅是宁夏历史上第一个用机器生产面粉的工厂，也是宁夏近代工业在初始阶段最早出现的机器工厂之一。

诸如此类的过往，宗睦巷还有许多。现代城市的变迁中，与这座城市其他一些老街巷一样，人

今日宗睦巷一隅

们如今在这里几乎看不到太多历史的痕迹，在纸面上将其尽可能详细地记录下来，也成为一种不多的选择和必要。

今天的宗睦巷，除了诸多的学校和文化机构，还有各种商业场所。近年来，在这条小巷里，一些属于年轻人的创意小店、咖啡店、酒吧，陆续驻足和生长，为这条古老巷陌注入了一份年轻和现代的气息。

采写过程中的最后一次造访，正月初七，虽是立春，但天气仍显寒冷，路边行人裹紧衣服匆匆走过，地上偶尔还有残留的烟花碎屑。入夜时分，小巷两旁的灯光渐次亮起，透过一个个精致的橱窗，可以看到店铺里逐渐多起来的人们……小巷自有着属于它的气韵和节奏。

军事驻地与"毓秀"街坊

在银川这样一座历史悠久的城市里,有着不少古老的街巷,宗睦巷便是其中之一。追溯宗睦巷的过去,我们不妨从古人的地图出发,做一次"异想天开"的时空穿梭之旅,看看由古时至近代,这里曾呈现过怎样的景象,发生过哪些值得今人记住的故事。

时间首先设定在400多年前的明朝嘉靖年间。彼时,若你光临银川城(当时叫宁夏镇城),想走一走宗睦巷的位置,你首先会遇到一座重要建筑——"右卫"(见明《嘉靖宁夏新志:宁夏城图》)。所谓"右卫",属明代军事体系"卫所制"中的一环,卫所的长官为指挥使。

若上述解释还是有些抽象的话,不妨联系一下前不久发生在我们身边的一次考古事件。2016年4月,银川市金凤区良田渠旁一个工地在施工的过程中发现一处古墓,经文物部门勘察,墓主人是一位叫黄安的明代将领。这位黄安,便是当时的右屯卫指挥使。他在宁夏生活的时间是明宣德至正统年间,比我们设定的嘉靖年要早百十来年。不过,因为明代卫所武官为世袭,所以此时端坐在屯卫大堂上的也是他儿孙中的一位。

当然,你要想会一会那森严大堂内的黄指挥使,恐怕有点难。于是,不如到附近的集市走走吧。明代,街巷名制尚未形成,还只是以坊市进行街区划分。嘉靖年间,银川城的坊市有32处,你逛的宗睦巷一带有个挺好听的名字——毓秀。宁夏文史专家吴忠礼先生曾对此作过考证,在当时"毓秀"这一街坊,

"凡苏杭杂货、肉鱼、瓜菜、五谷,皆集中于此"。其位置,大约包括今进宁街至凤凰街之间的解放西街西段一带,也算是当时城中好吃、好玩之处。

古时的"综合木业一条街"

在明代的宗睦巷逛够了,你也大可以试着向清代"穿越"一下。我们把时间设定在200多年前的清乾隆年间。倏忽一下,这片地域上的景象变了。明代的军事机构"右卫"自然是不复存在了。在这一带最显著的一处建筑是"龙王庙"(见清《乾隆宁夏府志:府城图》)。

龙王庙,这个名词不用解释太多,中国古时在各地多有修建,一般供奉四海龙王、风神雨伯诸神,祈求风调雨顺、五谷丰登。

宗睦巷在清代发生最大变化的就是市集。清代,宗睦巷所在的街区,经营行业已经变得非常专业化了。抬眼所见,在这条巷子的西侧与整个街区,经营木器用品和家具业的店铺林

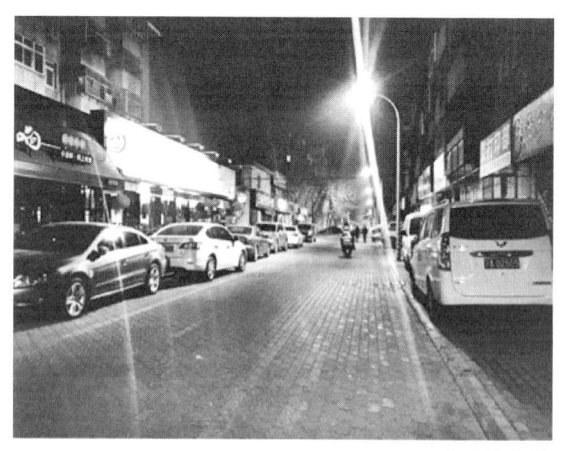

宗睦巷夜景

立,"是全城木材市场、木器业经销的综合市场和总汇场所,享有'综合木业一条街'的名声"(宁夏史志专家吴忠礼语)。也大约就是在此时,这条巷子的名称开始出现,被称为"综木巷"或"总木巷",后来又不知何故演变为"宗茂巷"。

然而无论如何,这段时期,这里与木器生产结缘却是确定无疑的。而且不仅这条巷如此,与它在东边交会的进宁南街一段,当时也被称为"木头市巷"。这木头市巷北口还有一条东西小巷,巷内棺材铺集中,被命名为棺材巷、官财巷(即原解放街与宗睦巷间的业勤巷,今已消失)。

宁夏近代工业的微茫火种

走过明、清两个时代,接下来该到民国时期了。在"综合木业一条街"上被原生态、纯实木的家具、木器看花了眼的你,这时可以稍微聆听一下现代工业初到宁夏的一段故事。之所以突然提到现代工业这个词儿,还得从曾在这条街巷上落足的一家机器工厂说起。

1935年初春,包头黄河码头,人流穿梭,喧嚣忙碌。一连串的吆喝声中,码头上的人群忙不迭地避开一条通道。通道里,一帮士兵费力地推拉着一些东西向河边进发。人群发出一些嘈杂,人们露出好奇的眼神。眼前这帮士兵运送的这些大家伙,看起来沉重异常,模样也很怪异。

原来,时任宁夏省主席的马鸿逵为解决军队吃面粉的问题,决定筹建一个用机器生产的面粉厂。这之前,宁夏人吃面粉得靠磨坊,即所谓的毛驴拉石磨,加工落后,产量低下。

那些从包头码头启运的沉重的大家伙,正是从京津采购,辗转运到包头,再由此前往银川的面粉生产设备:两部废旧蒸汽机、十二盘大石磨等。货物装载完毕,四只负重沉沉的大木船,由工兵拉纤,逆水而行,艰难地开向银川,一直走了差不多半年时间才到。它们最终的目的地,就是宗睦巷。

1936年,在今天宗睦巷银川市第五幼儿园所在的位置,一所被命名为"普利面粉公司"、以蒸汽机带动石磨的面粉加工厂建成投产。虽然这家工厂使用的设备在引进时就已陈旧,但是宁夏历史上第一个用机器生产面粉的工厂,也是宁夏最早出现的机器工厂之一,可谓宁夏近代工业在初始阶段的一个微茫火种。

小巷历来与学校结缘

经过了上两节的"穿越之旅",这一节我们脚踏实地走一走今天的宗睦巷。

漫步在今天的宗睦巷,心中的感受大致可用一个关键字来表述——"文"。这种"文",一方面体现在它今时教育机构诸多,另一方面,它在更早时还是古代"银川

宗睦巷街景

书院"所在。

我们由它与民族街交会的东口出发到利民街，也是这条原名"宗木巷"的小巷的最初一段。由东口行进200多米，一条南北小巷由此穿过，名为"教育巷"，只看名称就透着一股文气。过此路口继续向西，不到百米，巷南为银川市第五幼儿园。过去这里也曾是市一幼的驻地。

由此再行300多米，穿过利民街，巷子又进入一段学校区域。有兴庆区回民三小、宗睦幼儿园。而在过去，这一带还曾是银川九中所在地，以致今天人们说起这一片地方，还会习惯性地称"老九中那里"。

说起来，这一带区域历来就是"教育重地"。在清乾隆年间的宁夏"府城图"里，有一处名为"银川书院"的建筑坐落于此，其位置就在今宗睦巷与自强巷东段之间。这所于200多年前创办的书院，不仅在规模、学风上推动了当时的教育发展，而且是首次以"银川"作为城市别称来命名一个半官方的机构，无论从教育还是历史上讲，都有着重要意义。

清代之后，民国年间在同样的区域，这里曾是当时宁夏唯一的教会女子中学——明正女中的校址。及至新中国成立后的1953年，这里成为"宁夏省立第一女中"，之后是"银川女中"，直至20世纪70年代，更名为银川市第九中学。

小巷自有属于它的"秘密"

今天的宗睦巷，不仅有着诸多的教育和学习机构，各种酒吧、咖啡店、私家小厨、创意小店，也为这条小巷增添着一种别样的情调和气质。

夜色初至，小巷比白天安静了许多。信步走进巷边的一家咖啡店，店不大，却挺雅致，由巷边老式的居民楼改造而来。店主很年轻，不过26岁，却也有着不短的国外留学生活经历。6年前，他从澳大利亚回来，于2013年开了这家名叫"纽带"的咖啡小店，经营至今。

说起对门前这条小巷的印象，年轻人腼腆地笑了笑，说自己是"宅男，宅到了家"。7岁起，他便住在这条巷子里，高中也在这里的"老九中"上过，如今这家咖啡店，就是他家的老房子。在他看来，小巷虽然有些窄、简陋，但在闹市里算是难得的僻静。一天的喧闹之后，愿意走进它的人，也都是了解它的人，对大家而言，这里就像一个小小的"秘密聚会"。

走出咖啡店，西侧不远处，有了一处名为"兔子的礼物"的DIY蛋糕小店，白日里曾在店里与主人聊天，同样是位不过29岁的年轻人。当时店里还没什么客人，如今透过玻璃门，里面满是正做着手工的人们。渐浓的夜色里，安静的小巷有着属于它的"秘密"。

【采访手记】

一条小巷的变与不变

"长1.4公里，车行道宽7米……"这是20世纪80年代的《银川地名志》里对宗睦巷的一段数字描述。如今实地步量，也一点儿没有"过时"。这就是银川人熟悉的宗睦巷，可以在数十年里保有着一种不变。

这种情形，有点像冬日里从巷边缓缓行过的老人，像他们身旁居住了好多年，如今依然临巷而立的一幢幢老式楼房。比如在"有个窝儿"酒吧里与主人聊天，一面是对老楼格局不好的"抱怨"，一面却也不想改变了模样，让老顾客找不到熟悉的味道……小巷，自有属于它的步调与节奏。

当然，变化着的也有许多。就像这些或文艺或创意的小店，给小巷带来的年轻和现代，或许还包括那些每日骑着单车，穿梭在小巷里的各种外卖小哥的身影，由此带到城市各个角落的，是今时由小巷生长的美食与心意。

咖啡店里的年轻主人说，他最喜欢过去这条巷子里的树，那时路边还没有停那么多车，两旁生长着的树木，为小巷生成一道穹顶般的长廊。秋天，他踩着一地金黄的落叶，一步步向校园走去……

李振文/文

富宁街:一半是历史,一半是现代

富宁,美好的寓意,也带给这里太多有关岁月的记忆。从几位在富宁街住了大半辈子的老人口中,曾经的富宁街往事悠悠;而在此地年轻人的身影与生活里,这条古老街道又呈现出它鲜活的现在与未来。

(一)

富宁街位于银川利民街与凤凰南街之间,南起长城东路,北止于解放西街,全长1.7公里。前身是明朝草场街。明时镇城西南角为五卫草场,故称此处为草场街(巷),实则有街无市,人稀地旷。

宁夏史志专家吴忠礼在其《银川市旧街巷

昔日的富宁菜市场

探源》中提到过福宁寺：清代在这片空地上修建有一座大型寺庙，名曰"福宁寺"（祈求赐福宁夏人民的寺庙），渐渐便呼此地为福宁寺街，再后又有大庙街和邓家巷的不同名称。今之富宁街名称就源自于福宁寺与福宁寺街。1970年更名至今，但是市民们仍习惯泛称此街中段为"大庙"。故街西的一条小巷于1981年就冠名为"大庙北巷"。

提到富宁街，当然得说一说"大庙"

1936年，一位中年男人赶着一辆驴车，从陕西一路颠簸到银川，车上除了货物，还有自己的妻子和两岁的儿子。如今，那个两岁的小孩已是白发苍苍的老人，他叫解新春，随父母来富宁街落脚时，四周还是一片土坯平房。等到了新中国成立后，这里才陆续建起了中寺、自强、大庙、西关等大大小小的社区。

提起过去，解新春的记忆更多地停留在小时候。那时大庙还在，他和小伙伴们经常跑到那里玩捉迷藏。夏天，在大庙后面的大水坑里捞鱼、养鸭；冬天，就在冰面上溜冰、打老牛。

解新春说，他记得大庙以前叫"福宁寺"，就坐落在如今富宁街街道办对面酒店的位置。"那时每年大庙的庙会都特别热闹，除了银川本地人，周边地区的百姓都赶来参加。"据宁夏佛教协会副会长、秘书长吕维新介绍，清朝同治年间，大庙有大雄宝殿、天王殿等建筑，鼎盛时期庙里住着30多位僧人，香火旺盛。1739年的一场大地震让大庙几乎毁于一旦，后经修缮，才又恢复了原貌。

不过民间还流传着另一种说法,称当时在"福宁寺"的对面,也就是现在娱乐一条街的位置,还有座寺叫"福禄寺",那里才是"大庙"。时光远去,真相究竟如何,今时似乎已不那么重要了。但可以肯定的是,在这条街道居住的众多老银川人心中,大庙,就是富宁街。

时光交错里,人们追忆过去憧憬未来

邱应台在富宁街算是一个名人,被大家称为"绿化三剑客",他曾坚持和另外两个街坊一起给社区捐树苗种树,很多社区及周边的绿化都是他带头完成的。早几年,邱应台的女儿就在北京买了房子想让老两口都搬过去住,可他说:"就算死,我也要死在我的小破屋里,不搬!"

留恋什么呢? 和邱应台一样住在富宁街上的几位老人都表达了同一个意思:舍不得老街坊,搬走了,就连个说话的人都没了。说话间,从社区活动中心传来一阵刚劲爽朗的秦腔声。"年轻那会儿在这条街上,每天都有老汉们拉着板胡、敲着鼓、晒着太阳吼秦腔。还有人骑着驴从乡下赶来听呢,周围能围一大圈听戏的!"闭上眼听着回荡在耳边的秦腔声,当年的场景似乎又在邱应台的脑海中浮现……

今日富宁街

这就是眼前的富宁街。就像银川市第十六小学退休教师，今年81岁的王玉梅所说，白天的富宁街，是属于老人们的，而到了夜里，老人们图清静很少出门，富宁街留给了年轻人。于是，昼夜交替中，光阴交错间，今天的富宁街一半是历史，一半是现代。生活在这里的人们追忆着过去、憧憬着未来。这条街，也正如它的名字一样，带给人们一份踏实的富足与安宁。

（二）

走进富宁街，有一种在时空中漫步的错觉——晚上的富宁街是年轻人夜生活的聚集地，网吧、会所、KTV、火锅、烧烤……凌晨两点的街上，还弥漫着青春的味道；当清晨的阳光洒在这里的街巷时，回归到人们视野里的，是一排排、一片片见证了近半个世纪甚至更久远历史的居民楼、学校、寺院、市场，还有那些坐在街边阳光下，攀谈扯磨的老人们……

马车轧过街上的大水坑，有鱼跳出来

1956年，大庙被拆毁用于商业用地。也就是这一年，和解新春同住在富宁街宗睦巷团结社区的老伙计，当时16岁的邱应台，从山东来到了宁夏。等4年后邱应台搬到富宁街安下家时，曾经的大庙已经从大庙豆制品加工厂变成了银川西城区最大的一家国营蔬菜门市部，也就是人们常提起的——大庙菜店。

"一开始大庙菜店就是用泥巴砌了台面，卖一些副食和蔬

菜，没几样东西。"邱应台介绍，到后来成立了银川市蔬菜公司，这里才进行了翻修整治，经营面积扩大了，蔬菜、副食的品种也多了。于小龙、唐志军编著的《百年银川》一书曾对此有过记述。 1987年9

入夜，依旧热闹的富宁街

月，大庙菜店扩建至278平方米，并更名为"富宁街菜市场"，经营种类也从蔬菜、副食，扩展到了肉食、调味品、豆制品、烟酒。

对于大庙菜店的记忆，这里的老银川都会跟记者讲述这样一个故事：20世纪70年代，这里发过一次大水，水深到与家里炕头齐平。那场大水把大庙菜店后院存放的大白菜和青萝卜全都冲到了街面上，一时间，街上满是不顾瓢泼大雨在水里捞菜的人。"那时只要一连下几天雨，街上就泥泞不堪，有马车进城轧过一些大的水坑时，会有小鱼跳到两边的泥里。"邱应台说。

人们的讲述里，"大庙"是一个共同的家

如今，原来的大庙菜市场已经变成了酒店，需要上十几个台阶才能进门，而这高台正是大庙的旧址。据受访的几位老人说，当时的人们在修建大庙时从城外拉来黄土建造高台，以防止蓄积的雨水涌进寺院。今日，就在酒店的对面，现代化的双宝超市方便了市民的生活，天气好的时候，总能在门口的台阶上，看到一些白发老人三三两两坐在那儿晒着太阳、聊着家常。

1966年，随爱人从辽宁沈阳来宁的李凤书老人，就经常在那里的台阶上晒太阳，她是最早一批义务承担富宁街居委会工作的人。那时居委会没有办公室，她和其他几个姐妹每天带着本子、公章和报纸，就在社区的院子里给大家念报纸、开会，听听家长里短，解决生活琐事。"孩子们都是端着饭在院子里一起吃，逢年过节，我就带着几个孩子把提前腌好的咸菜给周围的邻居送去。"在李凤书的记忆里，那时的富宁街就是大庙，而大庙，就是街坊邻里共同的家。

曾在富宁街大庙路口修了15年自行车的薛银燕，现在是富宁街街道办事处的门卫。从1996年到2008年，他和这条街上另外7个修车人，每日起早贪黑为了生计劳碌。"那时街坊邻居都会送些衣服给我女儿穿，李凤书当时就帮过我。"薛银燕说，现在生活好了，自己也老了，闲时坐在街道办的院子里晒晒太阳，曾经摆摊修车的日子已成过往。

太多有关富宁街的往事藏在这些老人们的心底，虽然历史在他们的皱纹里慢慢沉淀，但正是这些看似平淡却真实的故事，让这些富宁街的老人们，生动无比。

年轻的他们，是富宁街的现在和未来

富宁街的现在和未来，和这里的年轻人息息相关。

在富宁街街道办工作的赵英娥是推行"富宁街党员示范一条街"的重要人员之一，对于这条街上的党员和密密麻麻的商户，这些数字从她的口中脱口而出：918个党员，10位"老革命"，156个商户，4家企业，13家理发店，还有10家面馆、2家羊

杂碎店……

每月15日，街上的商户们都会通过发放爱心粮卡、成立移动理发店等方式，让困难群体到指定餐厅享受免费或半价爱心餐，上门为70

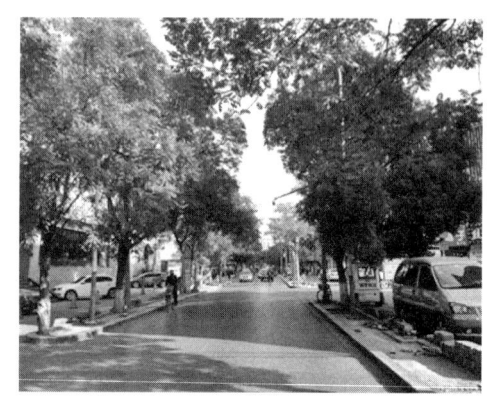

写满故事的富宁街

岁以上的老年人免费理发；还有的商户会为困难群众提供上门家政、按摩、修手机、缝纫等免费或特价服务。"这几年商户和居民相处得特别融洽，每月的活动也从最初需要一一邀请，到现在大家都会自觉加入进来。"

从街道办的窗户向外看去，就是富宁街大庙街口的那片休闲娱乐场所。赵英娥说自己亲眼看着这片地方变了样，从最初的空地、平房、煤场，慢慢变成了年轻人夜生活的聚集地。天色渐暗时，街边的烧烤摊生意兴隆，KTV、酒吧、网吧等场所更是经营到后半夜。

前几年从事房地产工作的80后小伙王洋，对这片地方十分熟悉。他说，之前在街口KTV对面是一排酒吧，到现在他还能一家家叫上名字。如今生意兴衰起落，店家也换了一批又一批，新开了一些火锅店、烧烤店等。而这么多年了，他最爱吃的，还是街拐角的那家砂锅店，老店的味道一直没变过，就像这条安详的老街。

王敏/文

银新铁路"重生"记

从老火车站起，至银川市兴庆区双城门社区，10.2公里的银新铁路，曾经像一条有着耀眼光泽的项链，串起了原来的银川糖厂、银川水泥制品厂、市土产果品公司和小南门货场。银川糖厂是它最初的一段"甜蜜"开端，小南门货场是它"充实"的终点。但时过境迁，曾经的"城市动脉"，如今荒草丛生，被人们淡忘。

2017年5月，一项关于这条铁路的最新改造计划启动。计划中，沉寂许久、布满沧桑的银新专用铁路，将以城市旅游风情线的身份"重生"。

从荒芜到"活跃"

银新铁路，全称银新专用铁路。1961年起筹建，因连接银川（特指原老城区）及新城（今属金凤区）而得名。1964年建成后，银新铁路全长10.2公里，西起银川老火车站南端，与包兰铁路接轨，东偏南延伸，至南门桥西侧止。跨桥3座、涵9座，连接单位专用铁路线2条,于原老城区设南门货站。

家住盈南家园二期的张军50岁,比银新铁路小3岁。那条铁路承载着他的童年。

那时,他住在一个叫"牛家夹道"的地方(现满城街与黄河路交会处向东1公里)。门前这条铁轨,在这里向两端绵延伸展,火车司机藏蓝色的劳动布制服,是他童年最向往的。每天,总会有一列列"庞然大物"满载着各种货物,从这里隆隆驶过。他还记得和儿时的伙伴,伸开着双臂,在窄窄的铁轨上小心迈步,比比谁能不掉下来走得更远……那个年代,亲戚家小孩的嘴里全是羡慕:"人家是住在铁路边儿上的!"

2012年,张军从平房搬进了盈南家园二期楼房的时候,那条铁路、那个老地方,已经轨迹斑驳,杂草丛生。张军说他也记不清从什么时候开始,这个城市曾经的"大动脉"逐渐走向衰落。

从荒草丛生到附近的居民搬离,再到后来有市民提出重新利用,最后政府组织专家研究论证……2015年12月,银川市规划管理局组织研究《银川市银新铁路走廊改造利用方案》。几经周折,银新铁路的改造项目最终成型。

2017年,通过多方论证,专家们认为,利用银新铁路打造一条中低运量的交通线是符合城市公共交通发展需求的。同时,银新铁路详细规划及周边城市设计、交通设计项目启动,拟结合银川旅游大环线建设打造城市旅游风情线。

"上世纪七八十年代,银新铁路可是给银川出了大力啊!

那时候家门口有这样一条铁路,我们也觉得自豪,车上啥都拉,银川许多物资的转运都是靠它完成的。以前看着它荒废了很可惜,现在可好了……"听说银新铁路要重新利用,张军一脸兴奋。

亲戚扔下饭碗奔出去看火车

从荒草丛中埋在尘埃里的"老铁轨",到如今规划中的"旅游风情线",沉寂许久的银新铁路开始走向"重生"。53年间,许多事逐渐被淡忘,曾经见证银新铁路诞生和成长的年轻人们,如今已是古稀之年。不过提起这条老铁路,他们一直都印象深刻。

宁夏辖区内到1958年才有了历史上第一条铁路——包兰铁路。当时的银新铁路对老百姓来说,当真是稀罕物。

"修银新铁路的时候,我们还去拉土筑路基呢。"75岁的樊玉梅现在住在盈南家园二期,2012年才从银新铁路边上搬走。1961年银新铁路开建,当时19岁的樊玉梅还和铁路工人一起,拉土修建路基。

1964年银新铁路建成,对于这条铁路,樊玉梅记忆很深。她回忆说,当时是银川工务段三工区管辖保养,过去铁路两旁有30多米高的杨树,还有许多大柳树。铁路两边还留出了1米多宽的土路,能走驴车、骡子车。那时候火车还是燃煤的,大老远听见鸣笛后,道口的警示灯就亮了,看道口的工作人员一边吹哨,一边就把木头杆子放下来,防止行人通过,但还是有胆大的人，会钻过杆子到铁轨对面去。

因为她家距铁轨只有不到50米，每次过车都感觉跟地震似的，房子颤个不停。那时候家里来亲戚，正吃着饭呢，忽然听见火车鸣笛，亲戚扔下碗就奔出去看火车了。

一条名副其实的"城市动脉"

说起银新铁路，原银川糖厂的原料生产管理员马廷云滔滔不绝。

1961年11月，据《宁夏回族自治区计委关于银新铁路支线设计任务书的批复》所示，同意银新铁路西与银川糖厂专用线终点接轨，东至银川南门，利用1960年修建的窄轨路基加宽改造，全部加宽两米。换言之，原银川糖厂专用线可算是银新铁路最初的一段。这条铁路的诞生，原来也有个"甜蜜"的开端。

1964年，银新铁路正式通车

在马廷云的讲述中,1958年宁夏第一个糖厂——银川糖厂开始筹建。考虑到运输方便,糖厂的仓库就直接建在铁路专用线旁。而最终建成投产的糖厂一年能生产4500吨白糖,这些白糖以及甜菜原料,全部都是经由这条铁路线拉运的。

不仅糖厂,据自治区档案局资料,当时的小南门货场、银川水泥制品厂、市土产果品公司等,都是银新铁路的主要服务对象。在当时的统计中,1961年,原银川新城、老城之间的货物年运量为150万吨,银新铁路的建成,彻底改变了银川运力不足的问题,是一条名副其实的"城市动脉"。

沉寂的老铁路期待"重生"

"上世纪七八十年代的时候,火车拉的货物种类很多,木头、水泥、水果,蔬菜……白天晚上都会有火车经过,好像也没有准确的时间点,一天最多能过四五趟。"原银川糖厂的工人刘殿振对50多年前的景象,印象深刻。78岁的他回忆说,当时他家也住在铁路附近,附近一些人还靠给火车皮装卸货物为生。

"但从上世纪90年代以后,车次就逐渐少了。"刘殿振说,那时候随着铁路沿线一些企业先后改制重组、搬迁或转产,银新铁路货运逐渐冷清。唐有俊是一名退休的银新铁路道口工,他对此也深有同感:到2011年后,除了中国航空油料有限公司宁夏分公司卸油站的一条支线还在使用外,基本就不过火车了,这条线逐渐荒芜,成为历史与过往。

走入历史而被人淡忘的老铁路,被一个叫陆宁的市民重新提起。2006年,当时在银川市水务局节水办工作的陆宁提出了将银新铁路改造成轻轨的设想。记者试图寻找陆宁,了解当时的情况,但被市

今日的银新铁路一段

水务局工作人员告知,陆宁已于2016年因病离世。

由当时的媒体报道可知,陆宁因工作原因经常路过银新铁路沿线,当发现这条铁路经过市辖三区时,他萌生了一个想法:能不能改造为轻轨用于客运运输?他将这一想法,发到了那时银川市的"市长邮箱"。之后,银川市相关部门开始多次对这条铁路的重新利用方式进行研究,几经周折,直到2015年,随着银川市规划管理局《银川市银新铁路走廊改造利用方案》的发布,银新铁路改造拉开序幕。

时至2017年5月本次采访中,银川市发改委轨道办负责人薛刚向记者介绍了这一线路改造的最新进展。他说,目前,市发改委会同市规划局等相关部门,拟结合银川市城市轨道交通建设及旅游大环线建设,将银新线打造成"城市旅游风情线"。运行车辆是采用有轨电车还是云轨或者其他制式,目前正在讨论研究中。

但可以确定的是,这条沉寂许久的老铁路,曾经的"城市动脉",将以另一个崭新的身份,亮丽重生。

银新铁路大事记

◆ 1961年11月10日,自治区批复修建银新专用铁路。

◆ 1962年因资金原因,中止修建。

◆ 1963年5月复工建设。

◆ 1964年10月1日正式通车。

◆ 20世纪90年代,通行车次日益减少,逐渐走向"荒芜"。

◆ 2006年,市民陆宁提出了将此铁路线改造成城市轻轨的设想。

◆ 2011年前后,除中国航空油料公司的一条支线外,银新铁路基本停运。

◆ 2012年5月,银川市将银新铁路列入历史建筑保护名录。

◆ 2015年12月,银川市规划管理局组织拟订银新铁路改造利用方案。

◆ 2016年11月14日,改造方案获通过并启动下一步规划编制。

◆ 2017年1月9日,银新铁路产权及沿线土地开发协调完成。

◆ 2017年2月,银新铁路改造详细规划及周边城市设计、交通设计开始编制。

◆ 2017年5月,银新铁路详细规划及周边城市设计、交通设计项目启动。

刘旭卓/文

一座广场, 万千风光

进入夏季, 银川的各个广场愈发热闹起来。乐曲声中的广场舞者, 散步、锻炼的市民大众, 休闲、娱乐的银川百姓, 还有各式各样的广场文化主题活动……这一切, 纷繁多样, 却都有着一个共同点——发生于广场之上。

20世纪八九十年代, 与全国城市广场发展的步伐相对应, 银川的广场也开始陆续增加。如银川人所熟悉的玉皇阁广场、光明广场, 以及曾兼备广场功能的"灯光球场"等等。在今日看来, 它们称不上华丽, 但却成为市民心中极具分量的记忆。

(一) 细说银川广场昔与今

从仅此一个的南门广场, 到改革开放后广场的陆续增加, 以及之后各种大规模广场的兴起, 再到如今大、中、小广场的交错搭配、各具特色, 银川广场的发展与变迁, 见证了这座城市前行的脚步。

一种生活一种文化

　　广场，"广阔场地"之意，是指由两条或几条街道汇合处形成的空地，今特指城市中广阔的场地（《古今汉语词典》），是人们开展各种休闲、运动、娱乐、集会的活动场所，反映着一个城市特有的景观风貌和文化内涵。

　　作为一种起源于古代欧洲、流行于西方的舶来品，城市广场的概念引入国内不过是近代之事。具体到银川，中华人民共和国成立后，辟建于1952年的南门广场，很长一段时间里一直是银川唯一真正意义上的广场。

　　21世纪初至今，银川的广场建设进入一个大发展的阶段。大团结广场、人民广场、迎宾广场……广场数量快速增加之余，类型也日益丰富，生活广场、文化广场、交通广场、游憩广场、商业广场等，信步游走于这座城市之中，广场已是寻常之物。

　　这些广场，大小不一、形制各异。更主要的是，从广场出现的那刻起，它就不只是一种建筑、一个场所，而是一种生活、一种文化，是城市肌理中不可分割的一部分。诚如在采访中，曾

1988年的银川南门广场　　　025

任银川市规划局工程师的是亚明先生所言："广场对一个城市的发展太重要了，它是调节城市空间景观的重要手段，而且能够聚攒人文气息，有助于形成有特点的城市文化。"

让我们走近银川的广场，回眸它的历程，感受它的记忆，品味它的文化……于广场中，了解一座城市。

20世纪50—60年代：仅此一个的南门广场

20世纪五六十年代，银川的城市建设处于起步阶段，广场少之又少。"那时银川只有一个南门广场，是因南门楼子而形成的。"70多岁的银川市民司志强回忆道。

《银川建设志》记载，1952年，政府将南门关城处的一片空地开辟为广场。

1978年，南门广场进行了第一次扩建。曾任银川市规划局工程师的是亚明回忆，当时南门广场的面积狭小，东边是长途汽车站，西边是汽车修理厂，修理厂西侧是一片芦苇湖。规划时，广场的南侧与汽车站南侧平行。20世纪90年代初，南门广场日益拥挤，于是进行了第二次扩建。此次扩建后广场南边的界线扩至长城路，形成了现在的范围。

20世纪70年代：灯光球场的温暖记忆

"以前晚上也没地方耍，我就到灯光球场去看比赛。空地周围立着几个杆子，上头拉着大灯泡，每天晚上有两场篮球赛。"银川市民沈明说。灯光球场虽是球场，但在当时也兼具着广场的功能，是许多银川市民晚上的休闲之所，聚合了众多"老银川"的集体记忆。

当时，这个地处今日东方红广场位置的体育场地，虽未获得官方正式命名，但老百姓们都亲切地叫它"灯光球场"。已经当了奶奶的王萍说起灯光球场时脸上还会溢着幸福，因为这里是她爱情的起点。当时同事李斌在追求她，约会的地点就是灯光球场。从这里开始，他们相恋相知，携手人生。

进入20世纪80年代，随着改革开放，各路江湖艺人如同走马灯一样出现在灯光球场里。"一张票一块钱，胸口碎大石、脖卷钢筋这些套路都是当时第一次看，看得人心惊胆战的。"沈明说。20世纪90年代，随着城市建设的需要，灯光球场被拆除，成为银川人心底永久的记忆。

20世纪80年代：小而亲切的玉皇阁广场

今天银川玉皇阁的南北两端各有一处面积都不大的广场，北侧的称为玉皇阁广场，南侧为宁园一部分，只是由于道路的隔离，南侧似乎也成为一个独立的小广场。20世纪80年代初，银川开始逐步改造老城区，地处市中心的玉皇阁是重点规划的区域。

是亚明也参与了相关的规划。他回忆："1982年以前，玉皇阁的四周还是平房，玉皇阁的门洞里汽车可以通行。"此次规划，出于保护玉皇阁的需要，门洞禁止通行，在玉皇阁东西两侧规划两条道路，两条路之间形成了一块三角地。"这块地先是停车场,后来由文化部门接管,逐渐形成了玉皇阁广场。"是亚明说。

玉皇阁南侧的小广场虽属宁园,但很多市民仍然将其认为是玉皇阁广场的一部分。

20世纪90年代:现代气息的光明广场

1998年,为了迎接自治区成立40周年大庆,在中山公园南门的南侧新建了光明广场、宁夏人民会堂、自治区体育馆。时任银川市规划局规划科科长的闫广说:"广场代表着一个城市的内涵和文化。当时的光明广场无论从规划设计还是功能上说,都比之前有很大的进步。"

光明广场的建成,也是当时银川市民生活中的一件大事。"西部之光"雕塑带来一种现代化的美感,盛夏时在广场喷泉边休息也是很惬意的事情。80后女孩张广欣还记得当时光明广

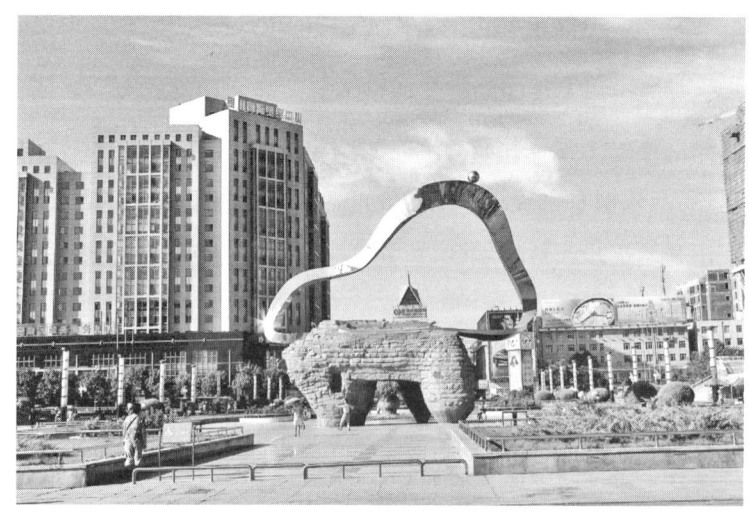

银川光明广场

场带给她的"震撼":"当时我9岁,印象最深的就是人民会堂顶上那个可以变光的石碗了,它变幻出红的、绿的、黄的各色灯光时,我盯着看了很久。"

今天,光明广场已建成近20年,早已成为银川市的地标性场所之一。春夏秋冬,这里会集了大量的市民,放风筝、散步、看演出……这些承载着银川人的欢乐。

21世纪初至今:"遍地开花"的银川广场

时间进入21世纪,原本的银川市规划已经难以满足现实需要。在闫广的记忆中,2002年是一个转折点,当年银川市在宁夏人民会堂召开了"关于加快建设区域中心城市动员大会",提出建设大银川。随后,闫广参与编制了新的城市规划方案。

方案中,新的广场建设也被提上日程。2003年,几大广场相继开始建设。人民广场、大团结广场、西夏广场、迎宾广场、新月广场、仙来广场6个广场都是在2003年的5月至9月完工。这几大广场从银川最东侧的银古路分布到北京路最西端,并处在北京路、丽景街、清和街等城市主干道旁边,这样的地理设计也框定出银川城区此后的发展范围。

这一阶段以及之后,银川的城市建设进入一个迅猛发展的时期,不仅较大规模的广场陆续出现,各种中小型的广场也遍地开花,银川广场建设进入一个发展的全新阶段。

（二）南门广场的亲切记忆

当我们想到一座城市时，有可能首先想到的会是它的某个广场。比方说提及北京，我们会自然而然想到天安门广场；说起成都时，会想起它的天府广场……而作为银川"第一广场"的南门广场，自1952年建成以来，究竟承载了多少银川人的记忆？又历经了哪些城市之变？

庆典集会所在

1952年以前，南薰楼以南即现在的广场位置，不过就是一条连接银川城南北方向的交通要道。

1952年，其南侧被辟为广场，成为银川人举行庆典集会的正式场所。

1984年，马刚年仅10岁，就读于银川市回民一小（现兴庆区回民一小）。为庆祝国庆，需要全市小学生头戴花环组成"欢度国庆"字样。马刚就是花环少年之一。

那年10月1日清晨，身着白衬衣、蓝裤子、涂着红脸蛋的马刚在老师的带领下，和同学们搬着小板凳来到南门广场。看到广场上到处花环簇拥，小小少年，心生无限崇敬。上午10点的礼炮放罢，数万只和平鸽和气球放飞在南门广场上空。虽然渴望抬头看万鸟齐飞，但马刚最终还是端坐在板凳上，一动不动，坚守着"国"字上那最后一横的某个点位。典礼结束，万鸟绝迹，唯有头顶的花环上落下的一堆堆鸽子粪，告诉着小少年鸟儿刚才确实从头顶飞过。

后来这样当花环少年的机会还有几次，虽然次次都只是"做背景"，可最终也成为马刚等那代人难忘的童年记忆之一。

舞者的广场

傍晚7点不到，南门广场便在各种音乐声和广场舞爱好者的身影中，变得热闹起来。几十年来，这样的广场场景，变了却似乎又没变。跳广场舞的，大爷大妈现在是主体。20世纪80年代，引领这一潮流的却是一群朝气蓬勃的少先队员。那时还没有广场舞一说，人们把这一集体载歌载舞的形式，称为集体舞。68岁的退休教师谭亚林对此记忆深刻。年轻时她曾是名小学班主任，除了教学、带班，工作中的相当一部分精力放在了帮学生排练集体舞上。那时能够展现集体舞整体效果的舞台，没有别处，唯独南门广场。尤其是每年"六一"国际儿童节，整个南门广场简直就是孩子们跳集体舞的"大舞池"。"咕呱咕呱咕呱，呱呱呱……"孩子们当年所跳集体舞《青蛙之歌》的旋律，时隔多年，谭老师依然张嘴就能哼出来。

当年，南门广场作为银川市唯一的、最大的文化集会广场，也是年轻人释放青春激情之地。三步、四步、迪斯科、摇摆舞，数百年轻人在广场上翩翩起舞。全民扫盲学跳舞的最大舞池也是南门广场。

如今，在这个仍旧是展现舞者风采的广场上，各自有着共同时代经历的人再次生命飞扬，惯性的集体意识和新鲜的舞曲依旧在这里水乳交融。

广场，到此一游

估计不少宁夏人的家中，都少不了这样的老照片：照片主角是花团锦簇的南薰门楼，或是广场中央喷涌的数米高的喷泉，或是南门汽车站，而人永远是照片的配角。

20世纪90年代，园林美化城市概念渐渐影响到银川，银川市各大宾馆、商场、公园、广场等人群来往密集之地开始尝试用盆栽营造节庆氛围。南门广场那时仍旧是银川市最大的群众广场，不过它的功能随着城市的发展和人们生活水平的提高，渐渐从以往的集会场所转变为老百姓娱乐休闲之地。

那个年代，照相机还没普及，逢节假日、周末，一家人到南门广场看看花草，看看随音乐起舞的喷泉，成了不少银川百姓的休闲生活之一。夜幕降临，不远处的南薰门楼被花灯点亮，几乎少有人能抵挡得住广场那十几个照相摊位小贩的撺掇。"5元一张，10元3张，为了把广场的升旗杆或是南薰门楼取进来，照片里的人都小小的，眼珠子里还反射着闪光灯的红光。"说起当年在南门广场的照相经历，78岁的刘勇忍俊不禁。

外乡人的方向盘

直到站在了南门广场，看到了南薰门楼，张云翔的心才稍微踏实了些。他从甘肃庆阳坐长途车来银川。汽车驶进银川汽车站，他就开始犯晕，不知道自己身在这座城市的哪个方向。记者见到他时，他正在大声地给同乡打电话报告他的所在位置："我在南门汽车站（银川汽车站前身）这儿等你吧。"其实老张对银川并不陌生,年轻时,他没少在两地奔波。可他说,只有站在南门广场这儿,他才辨得清银川的方向。

也难怪老张这样的外乡人对南门广场有着这样一份情感依赖。几十年前,南来北往的外乡人乘坐长途车进出银川,少不了在南门广场逗留片刻。当年的南门汽车站位于南门广场东侧,正式投入使用的时间是1986年10月26日。"当时南门汽车站在西北都是数一数二的气派,有两个候车大厅,小件寄存处、售票处功能齐全,连厕所都是水冲式的。最显眼的是还有一部运送行李的电梯。"老张介绍说。

"在我们这些外乡人眼里,到了南门,才算真的到了银川;能常来南门广场逛逛,才算在这座城市暂且安了身。"说话间,老张的老乡来了,两人的口音迅速切换成甘肃话,然后路边拦了辆的士,前往城市的另一处。

【链接】

银川广场掠影

南门广场

南通胜利街,北连中山南街。1952年辟建,20世纪80年代之前银川市的大型集会、游行、庆典活动均在此进行。2001年改造为集休闲、娱乐、购物于一体的开放式广场。

光明广场

南通解放街,北依中山公园。建成于1998年,占地面积约3万平方米。2002年第七届全国少数民族传统体育运动会、2004

年"金鸡百花奖"电影节曾在此举行。

大团结广场

西临丽景街,北靠银横路。2003年建成,以东西贯穿的银古路为界,分为南北两个场区,总面积23.67万平方米。广场景点有世纪钻塔、民族花坛、时代风帆等。

人民广场

位于银川市行政中心所在地,南北长696米,东西宽551米,总面积38.3万平方米。建成于2003年9月。广场设计建设大气与精细统一,塞北与江南和谐,现代与远古一体。

迎宾广场

坐落于胜利街、清和街、丽景南街交会处,2003年建设,占地20.17万平方米。

仙来广场

位于清和街与丽景北街交会处,2003年建设,占地面积16.67万平方米。

西夏广场

位于北京西路与沿山公路交叉口东侧,西临贺兰山,是银川市最西侧的城市广场。广场建成于2003年,总面积8.1万平方米。

李振文　张贺　乔建萍/文

昔日富饶堡,今日丰登镇

2017年9月,银川花博园成为全国关注的焦点——第九届中国花卉博览会在此举办。而它的所在地——金凤区丰登镇,无疑也引来了人们目光的聚焦。这一总面积53.99平方公里的小镇,除了银川花博园外,西有阅海、南邻阅海湾中央商务区、东靠德胜工业园。从地图上看,被称为"城市绿肺"的阅海公园被揽入丰登镇怀中,尽享舒适。从明代雷福堡的历史往事中走来,到如今风光旖旎,丰登镇正如歌中所唱:"小城故事多,充满喜和乐。"

堡寨往事,今昔巨变

丰登镇的过往,要从明代说起,那时候它叫雷福堡。

"宁夏堡寨,或以人名,或以事名,或以地名。"《乾隆宁夏府志》的记载,讲明这个堡子得名于其守将雷福。彼时此地,金戈铁马,战乱不断,除了防守蒙古鞑靼南下,著名的宁夏之役也发生于此,哮拜叛乱被镇压之后,这里一度气氛更为紧张,明王朝重兵把守,再不敢掉以轻心。

今日的丰登镇丰阅家园

之后在明朝万历年间，雷福堡改名丰登堡，寓意五谷丰登。"丰登"二字，表明这里已是富饶之地。此后，丰登堡的名称一直延续到民国时期。

明代的军事体系和卫所堡寨如今早已荡然无存，曾经的盐碱地、芦苇荡，也不见踪迹。如今的丰登镇，田地里绿浪翻滚，遍地高楼林立，紧邻阅海，清风徐来，一派现代休闲小镇风光。

联丰村原村书记杨万录在这里生活了70年，说到如今的变化，他有些感慨。过去他常在这一带的芦苇荡里寻找能改善一家人生活的野鸭蛋，如今出门即是市场，生活所需一应俱全。看着现在小镇的模样，他说：没想到盐碱地不但能长出喜人的庄稼，还能"长"出一排排高楼！

丰登堡里的百岁老人

"丰"字寓意美好，而从古老岁月走来的丰登镇也如同其名字一般,日渐丰盈富饶。如今从小镇经过,这里依旧有着曾经的记忆,人们也带着对未来更美好的憧憬,前行着。

去丰登镇之前,做了许多功课,自然就有很多想象。

想象的起点源于《嘉靖宁夏新志》这本书。明朝建国后百余年间,为防止退居漠北的蒙古人南下,在北部边境沿长城防线陆续设立9个军事重镇,即九边重镇。宁夏镇(现银川)赫然在列。

宁夏地名专家郑济洧说,从史料可以看出,明代的时候,宁夏镇的主要任务是军事防备。"当时宁夏镇设了五个卫(明代的军制),今天我们所说的丰登镇,当时就属于右屯卫所领18屯堡之一,不过当时叫作雷福堡。"

在《乾隆宁夏府志》中曾有这样一段描述可以作为当时此地富饶的佐证,讲的是当地一位叫王玺的老人,生于1679年,到《乾隆宁夏府志》一书编写时的1779年,已整整100岁。他饭量大,行走敏健,在儿子扶掖下时常进宁夏府城游走。其子王伏臣,时年亦78岁。除了家族遗传等基因,长寿自然与生活环境关系密切。

郑济洧说,依此可推测丰登堡当时的面貌:西有贺兰山庇护,气候舒适;又紧邻大西湖(现阅海),自然林茂粮丰,鱼肥果硕。当时,除了丰登堡,相邻的丰盈堡取名亦是寓意粮食丰盈。

水渠的故事装在背篓里

进入丰登镇时,镇子南边一条长长的水渠让人印象深刻。

生于1947年的杨万录说,这条渠一直通向黄河,关于它的故事,得从20世纪六七十年代说起。

在杨万录的回忆中,丰登周围都是大片的湖泊。十二三岁的时候,杨万录最大的乐趣就是去西边的大西湖边放牛,那里还有老银川人都知道的西湖农场。

"那时我经常会和小伙伴把牛拴在湖边,然后钻进三四米高的芦苇丛找鸭蛋。那时要是找到一个野鸭蛋,就相当于给一家人改善生活了。"杨万录说,小时候他们还学着钓鱼,不过钓上来的基本都是小鱼。

1975年,杨万录28岁的时候,他已是丰登联丰村的村长。前文提到的那条水渠,就是这个时候开挖的。

那时候在丰登流传的一个顺口溜,形象地解释了挖渠的缘由:湖坑多、旱地少,春天白茫茫,夏天蛤蟆叫,秋天收成少。这条渠,就是为了改造盐碱地,修筑旱地。当时四五个乡的群众,历时四五年时间开挖了这条排水沟——丰庆沟。"主要工具就是背篓和人力车,可以说这条沟是我们那一代人用背篓背出来的。"

小镇两公里之外的商机

从1990年开始,村民们开始在湖里搞起了渔业养殖,此后一直到2000年前后,丰登的旱地也多了起来,水稻、玉米连年丰收。

有人留下,也有人选择离开。今年32岁的陈立军就是在

2003年离开的丰登,只身一人到平罗闯荡。而就在那年8月,丰登乡改名丰登镇,划归金凤区。直到去年,陈立军终于回到了家乡,并在家门口开了家小商店,在卖烟酒副食的同时,还经营快递业务。问他生意怎么样,他随口回答:"还凑合吧。"但陈立军的脸上,却洋溢着满足的笑容,显然他的生意并不是简单的"还凑合"。

一个简单的数字就能说明一切。据陈立军介绍,2016年,平均每天他要分发的快递量大概是70件到80件。而到了今年,这个数字突然就变成了150件到170件,多的时候,甚至达到200件。"大家生活水平好了才会买这么多东西!"

关于未来的规划,他说走着看,但有一点是明确的,那就是他知道自己的家乡,距离阅海湾中央商务区只有短短两公里,那里的电商产业,一定会给这个小镇带来许多机遇。

最美的湿地和崛起的新楼

杨万录记忆中的大西湖,是于2002年9月8日开始改造的。2004年6月18日,阅海湿地公园一期工程完工并向社会开放,2006年9月被国家林业局评定为国家级湿地公园。原先的西湖农场,也移交银川市,纳入总体规划。

现在紧邻丰登镇西侧的阅海,已是景色秀美风光旖旎的湿地公园。宁夏阅海公园是继浙江杭州西溪湿地和江苏溱湖湿地公园之后,与银川市东部的鸣翠湖湿地园区,一起成为我国第三个国家级湿地公园,也是西北地区第一个国家级湿地公园。占地12000多亩的广阔水域,承载了古老的黄河灌区文化,也独具丰富的湿地旅游资源。

2017年9月1日,小镇迎来又一盛事,第九届中国花卉博览会在丰登镇内的银川花博园隆重开幕。银川市的文化、历史、科技、人文精神,在这里得到了充分展示。

"门前的路,正在完善建设。"杨万录指着穿镇而过的万寿路说。这条路将丰登镇和一个新的世界联通,从它穿过小镇开始,联丰村的村民陆续住进楼房。2014年,联丰村的村民全部住进楼房。杨万录指着远处18层的高楼说,那是丰阅家园二期的新楼,已经竣工了,现在正搞绿化呢。

刘旭卓/文

镇北堡镇:特色小镇养成记

2016年10月,住房和城乡建设部公布了第一批127个中国特色小镇名单,银川市镇北堡镇入选。特色小镇,不是传统意义上的"镇",而是产业、文化、旅游和一定社区功能叠加的发展空间平台。一时间,"特色小镇"成为大热之词。为何镇北堡镇会入选?记者实地走访,一探小镇"特"在何处。

(一)小镇的六个关键词

古堡、边塞、荒凉、移民村,这是人们曾经印象中的镇北堡镇。没错,曾经的镇北堡镇如此,但现在的镇北堡镇,远不止于此。

如今的镇北堡镇

镇北堡镇俯瞰

每一个地方都能成为一道风景,那些隐藏在房屋与房屋之间的小巷子、夹杂在道路与建筑间的小角落,都别有一番风情。以新兴的瑞信小镇为例,这里既保留着小镇的怀旧感,又增添了诸多现代元素,优雅而不失活泼。走在小镇街巷中,美酒、美食满眼皆是,在小店里呷一口茶,悠然一个下午,远离了世俗与喧嚣,从从容容,散淡而恬静……

美酒:名副其实的美酒小镇

关于葡萄酒,过去当人们提到"北纬38°",很多人会立刻想到法国波尔多;如今,当人们再说"北纬38°"时,贺兰山东麓葡萄产区已经绕不过去了。位于贺兰山东麓脚下的镇北堡镇,目前,规模化种植葡萄2万亩,规划建设34座酒庄,是名副其实的美酒小镇。

古堡:前身为军事要塞

镇北堡,古名镇北口,是古代军事要塞。明代时在贺兰山下各个险要山口筑关隘守卫,当时就有镇北口。镇北堡因两座古代边防城堡遗址而得名,当地人分别称它们为老堡和新堡,是明清时为防御贺兰山以北来犯之敌而设置的军事要塞。

移民:宁夏的"华西村"

1995年,江苏华西村原党委书记吴仁宝在宁夏南部山区考察时,当地恶劣的自然环境和生活条件深深震撼了他。他决定要帮助宁夏建立一个宁夏的华西移民村,让山区群众到更适合生存的地方居住。如今,这个华西村已从几千人的移民村,发展为有常住人口3.25万的现代化小镇。

影视:中国影视界的福地

从《一个和八个》来宁夏取景,到谢晋把张贤亮的小说《灵与肉》改编成电影《牧马人》在镇北堡内拍摄,并于之后获得国际大奖,镇北堡从此与影视结缘。《红高粱》《黄河谣》《大话西游》《新龙门客栈》……在这里摄制的影视片之多、升起明星之多、获大奖之多,使得镇北堡西部影城堪称中国影视界的福地。

旅游:西线旅游集散地

据统计,截至2016年10月,这一年来镇北堡小镇的游客已经超过了200万。这里不仅有驰名中外的镇北堡西部影城、滚钟口森林景区、贺兰山岩画等旅游景区,还有万义生态园等现代观光园。向南有西夏陵,向北可至沙湖景区,是银川乃至宁夏西线旅游的集散地。

休闲:打造休闲文化产业

以瑞信·镇北堡(天沐)温泉度假小镇为例,这是一个少有的以天然温泉为主,结合吃、喝、玩、乐等配套设施齐全的高档度假区。其实,这只是当地休闲文化产业的一个缩影。如今,拥有这样特色的村落在小镇里很多,如华西村的体验农庄,团结村的有机枸杞采摘,昊苑村的红酒体验……

(二)从荒堡到繁华村镇

从城西沿着110国道向贺兰山下走,经过一排排白杨林,一个个葡萄园、枸杞园后,人们就会被著名的镇北堡西部影城和路边瑞信小镇的热闹挡住去路。这里,便是首批列入住房和城乡建设部特色小镇创建名单的镇北堡镇。地图中的镇北堡镇面积210平方公里,以镇北堡镇所在地华西社区为中心,辐射其他5个村庄。

小镇源起于古代要塞

瑞信小镇、5A级景区镇北堡西部影城、红酒博物馆、枸杞生产加工厂、葡萄酒庄……走进小镇的那一刻,你绝对不会相信十几年前它还是一个落后的移民村。而更早的时候,镇北堡原本是明清时期修筑的一座戍塞

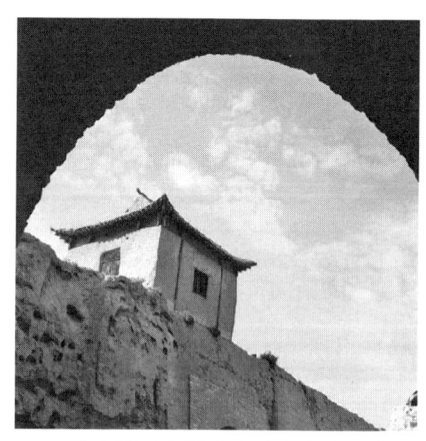

镇北堡西部影城内的古代城堡遗址

边城,辛亥革命后失去屯兵作用被废弃闲置,周围一些农牧民便将这里作为羊圈,在其中居住、放牧。

镇北堡最早诞生于何时?史志专家吴忠礼研究发现,该堡始建于明代弘治年间,是古代一座驻兵的军事要塞,距今已有500多年历史。到了清代,1738年,该堡被地震摧毁。为防御外族入侵,又在被震毁的"老堡"旁不到200米处,修建了一座比之略大些的土城堡,这就是人们所称的"新堡"。它大约落成于旧堡被震毁后的两年,也就是1740年,距今有270多年的历史。古堡是中国西北地区特有的覆土建筑,古人因地制宜、就地取材,城堡墙体没有一块砖石,完全用黄土夯筑。经过数百年的雨雪风霜及人为破坏,到20世纪五六十年代,边防要塞的雄姿已经面目全非。

新旧两堡一南一北,均坐西朝东。紧邻沿山公路东侧的老堡已被风蚀殆尽,仅存残墙断垣,形制尚存。再向北行200米便是新堡。新堡城池保存较完整,东面辟有半圆形瓮城,城门南侧有一斜坡可登上城墙。城墙四角原建有角楼,角楼基址依稀可见。

吴仁宝与"宁夏华西村"

"我1994年来的时候,这里还是一片盐碱地,附近除了零星的一些牧民、一个林草场外,就剩影城了。当时的影视城就两个破烂的堡子,游人少得可怜。"2016年11月1日,华西村村支书任炳升在村子里的农家大院,正谋划着如何将游客带到村里来。

任炳升指着村里四通
八达的路网和一片片漂亮
的房舍告诉记者，这些都是
近几年建成的。当时和他
一起承包林草场的有30来
户，这些人后来成了镇北堡
的第一批移民。"现在一亩
地能产2000斤玉米，当时一
亩地也就100来斤。"任炳升

至今仍清楚记得当时犁地的场景：每年春天地里都是白茫茫的
一片，当地里长出苗后，玉米苗会被碱死一大半，剩下的一小半
也半死不活的。

就在任炳升来到这里的第二年，镇北堡迎来了它历史上的
第一次变革。

1995年6月的一天，江苏华西村书记吴仁宝第一次去了同
心县窑山乡五道岭子村。当他来到一个农家，看到餐桌上全是
野菜、土豆，没有一粒粮食后，才得知这里已经大旱了4年。吴
仁宝第一次到宁夏共停留了一周时间，考察了6个县20多个乡，
回去后他做了一个决定，由江苏华西村出资帮助宁夏南部山区
搬迁1000户6000多名贫困人口，到银川近郊镇北堡建立一个
"宁夏华西村"。

从1996年开始，很多宁夏南部山区老百姓陆续搬迁到镇北

堡,他们如同蒲公英的种子散落到这片土地,开花繁育,成就了今天的宁夏华西村,成就了如今这一片沃土和兴旺。

葡萄美酒飘香的小镇

"小镇我曾经来过,这次我们主要是想看看这里的酒庄。"来自北京的康金辉是一位商人,采访中,他说他这次是来挑选一些红酒,想在北京做专卖。本来打算多跑几个地儿,没想到足不出镇,就有这么多的酒庄可让他选择。

其实,除了西部影城让大家熟知外,镇北堡镇的葡萄酒更是享誉海外。作为贺兰山东麓的小镇,这里得天独厚的地理条件培育出了一批优质的葡萄酒庄。目前,已建成贺兰晴雪、志辉源石、德大等酒庄14座,年均产酒260吨,创造收益5500万元。

这其中,不少酒庄和小镇一起成长,志辉源石酒庄就是其中一家。当记者驱车走进酒庄时,两座高耸的宋代风格雀楼让人眼前一亮,一种浓郁的文化气息扑面而来。"1996年开始在贺兰山东麓植树造林,到后来种植葡萄,我在这里已经待了20年。"志辉源石酒庄总经理袁辉坦言,这一带的葡萄酒品质好,在世界上都是得到公认的。

还有,"贺兰晴雪"是贺兰山东麓的八大景观之一,当它作为一个酒庄的名字出现时,就比那个在古籍中流传的景观变得更加具体。已经多次从国际葡萄酒大赛上捧回金、银奖的"加贝兰"就由贺兰晴雪酒庄酿制推出。

（三）小镇未来，令人期许

随着旅游业的发展，如今的镇北堡小镇已被越来越多的外界人熟知。其实，小镇近年来的发展也找到了更多新的突破口，比如依托旅游资源，发展旅游文化、休闲产业等等。这些，让人们对这座特色小镇的未来充满期待。

"中国电影从这里走向世界"

当成长的华西村为镇北堡镇的诞生培植沃土时，距离华西村不到两公里处的镇北堡西部影城也经历着它在那个年代的巨变。

镇北堡西部影城

经过数百年的风吹雨打,两座古堡黄土夯筑的墙体已经布满窟窿和沟壑,磨砺出一份独有的苍凉与悲壮。在镇北堡西部影城景区大门不远处,一块巨大的展板上见证着众多导演、演员在这里留下的身影。

"1993年9月,张贤亮以宁夏文联的名义创办了宁夏华夏西部影城有限公司,基地就是镇北堡西部影城。"在影城工作了20余年的书法家牛尔惠告诉记者,在此后的20多年时间里,相继几百部影片在此拍摄,镇北堡古朴、原始、粗犷、苍凉的特质,吸引着越来越多观众的眼球,《黄河谣》《东邪西毒》《大话西游》《新龙门客栈》等脍炙人口的影视剧作品,创下了中国影视业的奇迹,西部影城也因此获得了"中国电影从这里走向世界"的美誉。

而就在观众通过一部部影视作品尽情感受西部风情时,张贤亮已经开始思考美景之外的东西了。思考再三,他最终决定,把提供给电影电视拍摄的艺术造型作为基础,将西部影城逐渐转化成一个展示中国旧时生活方式的北方小城镇。张贤亮开始用低廉的价格大量收购真正的明清建筑构件散件,充实到相应的场景中,使这些原本为了剧情设计的艺术造型真正有了魂魄。另外,影城还从各地招募吸收各类民间艺人,免费为他们提供场地展示非物质文化遗产项目及民俗项目,再现古人的生产生活及娱乐、战斗方式。

如今,集国家5A级景区、国家文化产业示范基地和国家级非物质文化遗产综合实验基地三块"金字招牌"于一身的镇北堡西部影城,凭借其极高的投入产出比被认为是宁夏最成功的文化产业之一,已成为宁夏重要的人文景观和旅游景点。

丰厚的旅游资源与文化

"一个小镇能有这么丰富的旅游资源,着实出乎我的意料。"首次来银川旅游的重庆游客万金良告诉记者,他此行本想入住市区,但当来到镇北堡镇后,发现这里有不少可玩的地方,索性就住在了小镇,慢慢玩。

其实,当你翻阅地图时就会发现,镇北堡小镇除了驰名中外的镇北堡西部影城外,10公里的辐射圈内还有苏峪口国家森林公园、滚钟口风景区、贺兰山岩画等旅游景区,以及万义生态园、红柳湾山庄、新牛庄园等现代观光园。此外,由此向南至西夏陵,向北至沙湖景区不足60公里,其地理位置可以说是处于银川乃至宁夏西线旅游的集散地。

"仅去年(2015年)镇北堡西部影城接待游客就有200多万人,今年预计会超过300万。作为西线旅游的集散地,这些人来到小镇后,我们会通过我们具有的旅游资源优势,将他们留在这里。"西夏区镇北堡镇党委书记崔继鹏说。在挖掘旅游资源的同时,小镇也在丰富旅游文化上做了各种尝试,比如瑞信小镇的大型演艺秀《西夏盛典》,影城的非遗展示,等等。尤其是当你漫步在影城古朴的明清街道,打铁、擀毡、纺线、织布等祖辈们生产、生活的场景在这里一一再现,让人仿佛穿梭于时光隧道,可以亲身体验那种只能在记忆中寻找的流年往事。

"留住游客的除了地理环境优势外,这里本身具有的旅游文化也是一个重要原因。"游客付琪坦言,每次去葡萄酒庄游玩,各种葡萄酒文艺沙龙都会让他得到不少收获。

每一个村子都有自己的特色

周末,带着家人来这里泡个温泉、看看演出,在农村感受一下慢生活,已经成为不少银川市民的一种休闲选择。

"作为小镇的核心区,瑞信小镇里有温泉、特色小吃、大型演艺、各类酒店。"崔继鹏告诉记者,2014年是镇北堡镇旅游发展的一个拐点,也是小镇整体发展的一个重要转折。2014年整体规划后,每个村庄的建设标准都要求生产、生活、休闲、交通四大要素齐全,发展的产业定位、文化特色明确,能够有长期社会效益,带动当地群众就业增收。

一排排灰白色的院子外,晒着的是一盘盘宁夏枸杞。从华西村向东走不了几百米就是团结村,走进村子你会发现几乎每家每户门前都晒着从自家田里摘来的枸杞。"我们生产的枸杞不用农药,不用化肥,是真正的有机枸杞。"在镇北堡镇团结村的枸杞生产合作社,负责人张生明和来自村里的工人们正在忙碌地生产。鲜红的枸杞,经过分检被装进了一个个精美的真空包装袋。之后,它们将从这里被发往全国各地。

"我们合作社的枸杞销售额2015年是2600万元,按照目前的销售状态,以后肯定会突破这个数字。"张生明信心满满地告诉记者,特色小镇建好了,游人也就多了,到时,仅游客的消费就是一笔可观的数字。

其实,在崔继鹏的心中,对于镇北堡镇还有一个更大的期待,"我们希望未来能实现和乌镇一样的愿景,毕竟乌镇也是从一个不知名的小镇发展起来的。"

张碧迁/文

红花渠,流水带走的银川记忆

　　唐徕渠流到银川市苗木场西部时,右岸开口处形成一个支流,这里就是红花渠的渠首。与唐徕渠"分手"后,红花渠弯弯折折自西南转向东北而行,犹如一条丝绸环绕着银川城区东南,开始了它穿越银川13公里的旅途。沿途的9座小桥、水渠两边的民居,构成了独特的渠畔风景。它从唐朝蜿蜒流至今日,积淀出了银川城郊的一段自然景致和人文历史画卷。

红花渠,一个叫红花的姑娘

　　红花渠,这个给人以无限美好想象的名字背后,有着怎样的来历呢?《银川市名胜古迹故事传说选》中记载了这样一个美丽的传说。很久以前,红花渠一带,乡民们吃喝所用的水,要去十几里外的黄河边上去挑。渠边一个村子里,一个叫红花的姑娘从小就和乡亲们一样,去黄河边挑水。美丽善良的红花长大后,前来提亲的人很多,但她坚持一条标准:谁如果能将黄河水引到她的家乡,她便嫁给谁。邻村的小伙牛娃非常爱红花,便徒步前往东海龙宫,向龙王借具有神奇功能的月牙铲开挖渠

今日穿过市区的红花渠

道。龙王被牛娃的一片诚心感动了，便把月牙铲借给了他。牛娃回到银川后，立即带着月牙铲前往宁夏平原的上游开挖渠道。之前几个月长途跋涉去借月牙铲和连续不分昼夜的劳累，使牛娃在渠道挖好后的那个黄昏，昏睡在渠底。恰好黄河上游的暴雨使河水暴涨，滚滚的黄河水顺着牛娃挖好的渠道咆哮而来，刹那间将牛娃冲得无影无踪。得知这个消息后，红花深为牛娃的爱所感动，也纵身跳进了河水滚滚的渠里。后来，人们便把这条来之不易的渠取名叫红花渠。

　　凄婉的传说只是给红花渠的人文历史添加了一件美好的外衣。其实，红花渠得名的真正原因是这里曾种植大片的红花。红花，是一年生草本植物，又名红蓝花，因为古时从西域传来，宁夏当地人也称其为"西番花"。红花有破淤活血、通经止痛的药效。据记载，从明代起，宁夏出产的红花不仅远走京城，还成为皇宫里走红的物产。

著名物产,宁夏第一贡品

据《明嘉靖新志》及《明宣德新志》记载,明代纺织业逐渐发达,当时宫廷使用的大量丝绸绢帛多由江南制造供应,但织染所需的红花却数银川郊区的质量最佳,深受皇室欢迎。同时,银川所产的红花作为调制胭脂的原料之一,深受明代皇宫后妃们的喜欢,这也是明朝几代皇帝不顾大臣上书劝谏,一直坚持由宁夏进贡红花的原因。

红花被列为宁夏向大明朝廷进贡的特殊物产,导致宁夏红花种植面积的增加,也就导致了红花渠的扩建,使得红花渠的长度和流量均有了提升。当时,官府特意在红花渠两边设置了种植红花的田地——红花田。弘治年间,红花田达到673亩。这些红花田专门由当时驻守宁夏的最高级官员总兵官与太监负责,为此特设置了负责进贡红花的机构:总兵官进贡红花厂与太监进贡红花厂。兵士们负责红花的种植、管理、采摘。红花采摘后,有配备的专车,负责安全、适时地将红花运往京城。

明朝宣德之前,宁夏进贡的土贡贡品有9种,红花就排名在第五位。到弘治年间,红花在九大贡品中上升到了第一位。到嘉靖年间,宁夏贡品仅剩红花和马匹两种,红花依然排名第一位,每年进贡1500多公斤,最少的年份也不下于250公斤。

明宣德年后,红花渠曾经灌溉周围农田和供给银川城居民生活用水的功能已经淡化了,而主要服务于红花田的灌溉。那时的红花,在京城皇宫成了后宫嫔妃们的心爱之物,与唐朝时因杨玉环偏爱荔枝而远途运输荔枝进京何其相似。

贡品负累,惊动明代几朝皇帝

产自红花渠边的红花,经过筛选、包装后,通过船只运往灵州,再用牛车装载运往固原,然后从固原运往京城,2000公里的漫长的"红花之旅",要耗时100多天。红花渠就这样连接着京城,就这样辉煌着自己的历史,也因此给银川人造成了极大的负担,一些大臣为此给皇帝上书,要求停止宁夏的红花之贡。

1502年11月17日,明孝宗皇帝查阅户部会官所议论的事情,而要求停止宁夏红花之贡的建议就在户部的上书之中。那天,孝宗皇帝对户部呈上来的各项议事都同意了,唯独没有采纳停贡宁夏红花的建议。4年后,明代著名大臣杨一清来到宁夏。一天,他出银川城往东来到红花渠边,那一片艳丽的红花吸引了他,他停下了脚步。通过和当地居民及驻守这里的兵士聊天,他看到这片美丽的红花背后,是银川城郊人民的沉重负担,便于1506年10月29日上书武宗皇帝,要求停止红花进贡。这次,杨一清的上书尽管得到了工部的赞同,但是,武宗皇帝却一直坚持红花之贡。

红花制品

1511年，杨一清再次上书皇帝，武宗皇帝再次拒绝采纳这个建议，红花渠的渠水依然为面积越来越大的红花田灌溉服务着。直到1522年，嘉靖皇帝接到给事中张翀的奏章，才下令停止了困扰宁夏上百年的岁贡红花。

自治区成立，林伯渠前往参观

随着红花的贡品身份被终止，红花渠边的那一片红色风景消失了，红花渠恢复了它应有的功能，一渠流水依然为渠道两边的居民、良田服务，红花渠沿途逐渐成了银川的蔬菜基地，供应着银川居民的餐桌所需。

1958年9月，林伯渠带领中央代表团来到宁夏，祝贺宁夏回族自治区成立。时任银川市委秘书长的李云桥回忆道："庆祝大会结束后，林伯渠提出要去红花渠视察。银川市委的两位书记、我和红花公社的书记等，接到命令后便陪同林老前往红花渠边的民乐大队。群众敲锣打鼓、唱着民歌跳起舞，欢迎林老一行。"

林伯渠还沿着红花渠参观了村庄、菜园、农户、饲养场等，在一片欢乐声中告别了红花渠边的民乐村。那天，红花渠边的情景让林伯渠返回银川城后写下了《银川即景》："沟渠纵横万千条，弥望黄河胆气豪。翻地人群多似海，运货车辆连云霄。"

唐荣尧/文

鼓楼望北

　　2012年6月，银川鼓楼大修进入最后彩绘阶段。近一年来，鼓楼除了经历自身的整修外，还目睹了四周街巷的剧烈变化。2012年10月，鼓楼以南，银川步行街完成了自1998年修建以来的重新改造；2013年6月，鼓楼西南，开业于1987年的银川鼓楼饭店被夷为平地……鼓楼北街经历着巨大的变化。伴随着鼓楼北街、文化街、湖滨街道路打通工程的实施，鼓楼面临着长度、宽度，甚至人文积淀的再次打造与衡量。

鼓楼北街，昔日糠市

　　与中华人民共和国成立后修建的许多因古建筑而得名的道路一样，鼓楼北街也因鼓楼而得名。具有地标意义和人文沧桑感的鼓

鼓楼北街街景

鼓楼

楼,让鼓楼北街也沾染了一份独特的气韵。站在还没有装修完
毕的鼓楼前北望,鼓楼北街被一片郁郁葱葱的树木掩盖,树下
虽然不停有汽车、人流穿梭而过,但站在鼓楼上的人看它却是
一种安静的感觉。

　　鼓楼北街不长,南连解放街,北至文化街,不过500米,两边
却聚集了数十家商铺,琴行、音像店、服装店、百货商店、水果
店、电子产品专卖店,你很难定义这条街的特色,或许唯一让人
难忘的还是街道上空那遮天蔽日的绿。

　　与鼓楼北街相交的小巷目前有3条,西边的巷子名为山河
湾东巷,东边的巷子一条叫光华头道巷,一条叫正义巷。光华
头道巷巷口狭窄,道路坑洼不平,前些天下雨后的积水使巷子
显得很狼狈,即使车速已很慢,溅起的泥水还是会让路人躲闪
不及。听78岁的张复兴老人说,光华巷之前名为广发巷,因明
末清初宁夏十大洋行之一、主要从事皮毛生意的广发公司而得

名。1947年解放前才正式改名为光华巷。以此命名的共有三道巷,却并不平行,而是纵横相连。记者找了半天,也没找到其他

鼓楼北街旁的小巷

两条小巷,向张复兴老人一打听,才得知其余两条早已被现在的楼群阻隔,失去了昔日通达其他路径的作用而被废弃。正义巷在光华头道巷以北,与其平行,东达玉皇阁北街。解放前,宁夏省城法院曾在巷内办公,故曾名法院巷,1947年更现名。虽然各条小巷各有来龙去脉,但不知为何,与鼓楼北街一样,他们都散发着一种寂寞的气息,在这个越来越熙攘的城市里,它们有一种让行走其间的人的脚步慢下来的吸引力。

与现在的商铺林立不同,鼓楼北街的前身是老银川的糠市,全城牲口的饲料、家禽食用的糠麸全部集中在这里售卖。同时,这里还是一个穷苦人聚集的区域,糠市里的山河湾东巷居住的全是外地逃难来银川的老百姓,他们穷困到盖不起屋舍,只能搭草棚生活。

糠市破旧,由北向南穿过鼓楼,却繁华一时,老银川著名的早期商业街——柳树巷与其相距不过百米。位于柳树巷巷口,鼓楼东南、西南方向分别是民居大院,均为青砖灰瓦房屋,银川

八大商号之一敬义泰便与这三院房紧邻而居;糠市南街口,鼓楼西北处,曾是银川市口腔医院位置,中华人民共和国成立前便是老银川最大的粮店的位置。由此我们可以揣测,或许正是因为先有了这处粮店的存在,所以才有了糠市。粮店以西,沿解放街,路边当时还有一间规模较大的药铺、一家也因鼓楼得名的门诊部,据说这家门诊部便是现在的银川市第三人民医院的前身。至于鼓楼的西南处,就是更让糠市街望尘莫及的门庭若市了,沿解放街全是门市部,20世纪60年代,银川著名的大红门百货商店便赫然其列,周围则主要是售卖干果、鲜果、腌菜的门市部。在那里,还曾出现过银川最早的馄饨铺、阳春面馆,那是1958年后,随着大批江浙支宁人士的涌入,让这些银川人原本闻所未闻的南方小吃在银川扎下根来。

如今,随着城市的发展,当年的商铺早已踪迹难觅,但长久以来内积的商业余脉犹存,鼓楼附近从来都是商家必争之地,当年做诊所的地方如今还是医院,开饭馆的地方还是只有开餐厅才财源广进,人流如织的地方照样车水马龙。

鼓楼向北,向北

2012年,伴随着银川老城区旧城改造和道路打通工程的开展,鼓楼北街原有的那份惬意或许不得不面临改变。

鼓楼北街与文化街相交之地以北,原本是银川的文化大院,新中国成立后组建的宁夏歌舞团、宁夏京剧团曾在此活跃半个世纪之久。熟络银川各条大街小巷的张复兴老人从小便生活在文化大院附近。在他的记忆里,文化大院所处之地,直到中华人民共和国成立前都是一片空场子,一度是拉运货物的骆驼队休憩的场地。场子里骆驼最多的时候是在春节前后,大批的货物由骆驼商队运抵银川,卸掉货物后,成群的骆驼便集中在这片空地上。商队离开后,空场子里会留下成堆成片的骆驼粪,缺煤少油的银川百姓便用竹筐捡拾起这些骆驼粪便,回家当柴烧炕、烧火做饭。

关于文化大院的这处场地,还有一件事,张复兴觉得趣味盎然。早先承担银川城报时功能的,除了银川鼓楼的暮鼓晨钟外,还有就是文化大院这处空地中央的鸣炮报时。每天正午12时,都会有一名老人在此点燃类似爆竹的东西,声响很大,响彻云霄,共放12支,火药都装在老人随身携带的一只大葫芦里。看到老人,附近的孩子都会围拢上来,拥有那只神奇的葫芦成了当时好多男孩子的梦想之一。后来,随着银川市一些地方通上了电,报时的方法就改为电力拉长笛,声音类似拉警报般,新城、老城中午12点同时拉响,全城的任何一个角落都能听到这种刺耳的声音。

只是,现在拥有这段记忆的人越来越少了,不仅如此,就连文化大院的记忆也随着城市改造的步伐被重新分割。

本文采访之时,昔日的文化大院已被夷为平地,现在地面上是一片忙碌的施工场景,施工单位高调地打出了"鼓楼尚街"的招商广告。听说在与鼓楼北街、文化街、湖滨街相连,南北190米、东西130米的区域内,将打通一条新路与北边的

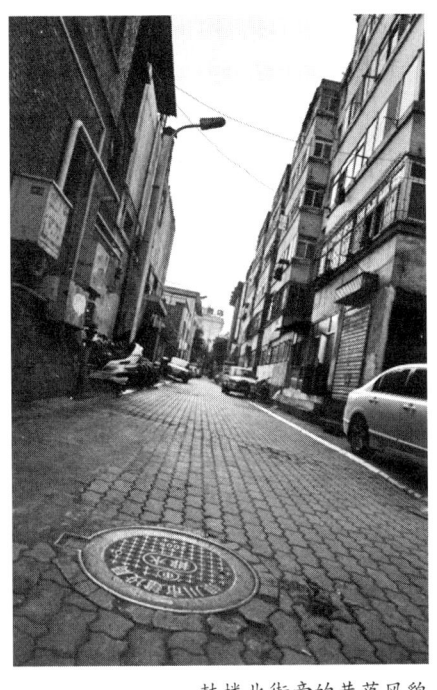
鼓楼北街旁的巷落风貌

丰收巷相连。这意味着鼓楼北街将又向北延伸近200米。居民纷纷猜测，随着这段路的打通，丰收巷与北京路的牵手也将是指日可待的事情，鼓楼北街那时才将真正实现四通八达的理想。

虽然道路不断向北延伸，城市不断四面扩张，但鼓楼的文化辐射力却没有人能够忽略。在开发商的楼盘沙盘或楼盘广告牌上，鼓楼所表现的文化信息被镶嵌到了各处细节当中。和鼓楼一样，朱红色是"鼓楼尚街"两侧楼盘的主色调，中国古代的窗格构成了"鼓楼尚街"随处可见的传统元素，至于在鼓楼饭店原址上即将拔地而起的新商圈，则更是打出了"握住了百年商圈，就是抓住了财富机遇"的巨幅广告，鼓楼商业圈的辐射力也将随着道路打通、城市改造向北辐射。

乔建萍/文

西马营和西马银

——一处谐音两段历史

在银川商城的公交车站,人们常常会看到一辆辆辗转于西马银与宁夏医科大学之间的中巴车。车身永远都是风尘仆仆,乘客大多操着宁夏南部山区口音。上了年纪的银川人,会把这个"西马银"理解成中山公园的前身"西马营"。宁夏人的口音一直前后鼻音难于区分,这样的误读误写,也很常见。但是对于来自西海固地区的移民们来说,西马营和西马银之间关联可不大。西马银是西海固人在银川的新家,而西马营对他们则是一段陌生又新鲜的历史。

权贵阴影下的西马营

1929年1月,刚刚成立的民国宁夏省政府,收到了一份来自国民政府农矿部的文件。文件说,为纪念孙中山逝世5周年,全国每年在开春季节,都要种树绿化,造福万世子孙。民国宁夏省政府首任主席门致中收到这份文件后提出一项决议:在西门马营废墟的基础上建造一座公园,而且以孙中山先生的名字命

民国时期，中山公园内的建筑

名。就是这个决议，让西马营这块明嘉靖年间的营地废墟，成了此后80多年乃至更长一段时间里服务银川人的一处休闲娱乐场所。

翻开《西夏书事》，会看到这样的记载：西夏王李元昊建都兴庆府时，在中山公园所在地曾修建过一座以水景为主的元昊宫。虽然现今的中山公园里已经看不到元昊宫的任何痕迹，但从"逶迤数里，亭榭台池，并极其盛"的史料描述中，我们依稀能猜想出这座当年兴庆府第一大建筑的规模。时光流转到明代，元昊宫毁于战火，宫殿虽毁但遗址尚存，当时的权贵又在原地修建了清宁观。明嘉靖年间，清宁观成为镇属兵马营房，俗称西马营。于是，西马营这个名字正式传开。沿袭到清代，满、汉、回族人民在此聚居贸易，欢度节日，西马营又有了一个名字：西满营。

1929年7月，吉鸿昌主政宁夏后，在中山公园建设了1000多平方米、能容纳800多人的两层砖木结构的中山纪念堂，这在当时是宁夏第一大建筑。吉鸿昌为它取名为"宁夏人民会场"。

还是1929年，门致中决议中的中山公园，第一次出现在了银川市区的地图上。可惜的是，刚修成的中山公园被宁夏军阀马鸿逵霸占，用于驻扎兵马。1935年春天，马鸿逵开始大力整修中山公园，在中山公园修建了宁夏第一个高级宾馆，取名"明

现在的中山公园景致

耻楼",专为接待国民政府的高级军政人员。当年蒋介石来银川的时候,曾在此楼留下身影。

西马营的浪漫往事

新中国成立前,中山公园一直掩映在权贵的阴影当中,寻常百姓难以接近。直到20世纪50年代,因为一个美好的节日——端午节,中山公园得以回归百姓的生活。

端午节去中山公园抢香包,在一些老银川人的记忆里,是温馨、浪漫的事情。今年85岁的吴玉喜老人,说起中山公园,眼角荡漾起甜蜜的皱纹。这里,留下她从懵懂少女到耄耋老人的所有记忆。年少时,她在这里遇上了陪伴一生的爱人;年老了,她带着孙子嬉戏园中,生活悠哉游哉。据吴玉喜介绍,当初的中山公园简陋落后,除了茂盛的林木外,没有任何游乐设施。每逢节会,这里就成了集市、庙会,凉皮、粽子、豆糖、瓜子等各种食品摊点应有尽有,耍猴、卖艺的戏班子也会云集于此,于是叫卖声、吆喝声、唱戏声此起彼伏。

"端午节快到的时候,我们就悄悄地缝起了香包,为的是端午节那天送给自己中意的人。"吴玉喜老人回忆起做香包的场景,一些细节还历历在目。她们将棉花和香料填充到桃形的布包里,用丝绸缝制,再配以各色丝线线穗,于是就做出了一个漂亮、精致、香味持久的香包。

吴玉喜老人说,到了端午节那天,她把藏在枕头下的香包挂到胸前,在姐妹们的陪同下有说有笑地来到西马营。这一天,她们到西马营只为了给那些等着抢香包的男青年抛掷自己的香包。投香包的女孩子大多羞羞答答地护着香包,又捂又跑地来到小树林,而男青年则是油嘴滑舌地夸奖女孩子的手艺,说香包如何如何好看。当女孩子相准男青年的时候,就将香包抛给男青年。男青年抢到了香包,就细问女孩子的住址。香包算是定情物,男女青年主动相约日后相见。

这种浪漫的端午节活动,如今已淡出银川人的生活,但抢香包得来的幸福却一直蔓

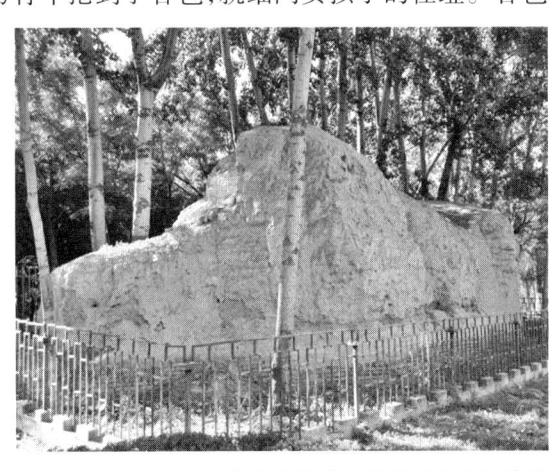

中山公园西侧的银川古城墙遗址

延着。吴玉喜老人说，和她同时代的许多银川人，就是在端午节那天，西马营抢香包后相识相知的，至今依旧相伴。

中山公园路2号

1958年7月16日，中共宁夏工委决定成立宁夏大学筹委会。8月4日，宁夏回族自治区筹委会文教处在汇报时提出：为适应自治区工农业大跃进和教育事业发展的需要，在宁夏大学未建成前，先在银川师范、卫校和农业机械化学校的基础上增设师范学院、医学院、农学院3所学院。

汇报中所说的卫校校址，就在现在的宁夏医科大学附属医院北面，而增设的医学院，设在卫校与医院之间的地方。汇报中的农业机械化学校，校址是现在的自治区人民政府所在地。而当时建立的农学院，现在已成为了银川军分区的所在地。汇报中的银川师范校址，就设在中山公园东北侧，当时的银川人把这块地方还称为"西马营"，但正式的通讯地址则是中山公园路2号。

当年，就是在这3块土地上，实现了宁夏高等教育"零"的突破。据资料显示，师范学院招生规模最大，于是师范学院所在地"西马营"，也就成为了宁夏大学最早的校址。关于早期的宁夏大学，我们期待了解的片段，已经被毕业于此的莘莘学子带到了天涯海角。1960年8月，宁夏大学的校址向位于西夏区的新校址搬迁，从此告别了中山公园。

西马银是块新土地

现在,从宁夏大学北校区西门出发,沿着朔方路一直往西,就能到达贺兰山脚下的一个叫作西马银的小镇,镇子被一片葱葱郁郁的林木环绕,共有7个自然村,住着2200户西吉移民,其中40%的住户姓马。

西吉、银川、马姓人家,于是西马银的由来便有了个合理解释。1994年,32岁的马兴国带着村里的6个马姓年轻人来到当时还叫作白灰窑的西马银开荒建厂。因为觉得白灰窑这个地名太过于凄凉,带头人马兴国便于西吉、银川之名中各取一字,再加上马姓,为自己在银川的新村庄取名为西马银,当然他当时并不知道银川历史上还有一处西马营,和自己新家的名字很近似。

来到西马银的西吉人都很喜欢这个名字,因而沿用至今。如今的西马银已从当初只有7个人的村庄,发展为17个村落、43个移民点、12300多人的大镇子,成为西夏区一处重要移民经济开发区。这里60%的人外出务工,人均年收入达万元,人均耕地10亩之多。

发展得如此红火,却为何很少被人所知?其中的原因,当年的开荒者之一、如今的西马银经

济开发区党委书记马兴国分析,可能因为西马银的移民全部是自发移民,往往一个人在西马银开个砖厂、包个工程、种下果园……就能吸引家乡的一批人过来安家落户。"这里有水,有树,有田种,有活干,没有理由再回去吃苦,几乎是来一拨留一拨,而且来的全是年富力强的青壮年。到了打工的旺季,村子里大部分人外出。"据马书记介绍,为了让西马银的人都能安心出去打工,西马银管委会还自筹资金修建了幼儿园,开办了小学、医疗站、农贸市场。

随着人口的增多,外出打工的西马银人越来越多。原来出行主要靠骑自行车、开拖拉机或者预约出租车,后来这已经不能满足西马银人的需求了。于是2008年,31辆中巴车汇集到这里,定点接送西马银的外出打工人群。现在乘坐这趟中巴车的,已不仅仅是打工的人群,在西马银长大的孩子们也因为有了这趟车,可以到几十公里以外的中学、北方民族大学、宁夏大学、宁夏医科大学求学。这趟中巴车的站点也由最初的几站延伸到几十站,为的就是能把这儿的人运送到他们想去的地方。

因为与市区有了更多的接触,西马银开始逐渐进入银川人的视野。两处发音近似的地名,看似无啥关联,却因这趟途经多地的中巴车而有了难以割舍的联系。当车身驶过宁夏大学、火车站、宁夏医科大学的时候,看到中巴车上标注的"西马银",老银川人也许会忍不住去回想西马营的过去,又想问问这个西马银究竟是咋回事?

乔建萍　田鑫/文

历史上银川的"新城"

汉武帝元鼎五年（前112年）建北典农城，此为银川建城之始，至今已近2130年。北典农城是个小城，其职能是管理农垦事物。此后，人们又称其为"吕城"、"饮汗城"。

公元407年，中国处于十六国割据时期，大夏国赫连勃勃控制宁夏地区，将饮汗城改建为"丽子园"，为驻军、屯粮重镇。此后在此基础上，银川城建史上又出现了"新城"，为今日银川构筑了厚重悠长的地理历史基础。

唐代怀远新城

公元4世纪末，以鲜卑族为主的北魏在北方崛起。公元439年，魏太武帝拓拔焘统一北方，开始了中国历史上长达169年的南北朝时期。这期间，北魏政权在宁夏筑城置县，将大夏国丽子园"给百姓，立为怀远县"，这是银川在古代作为一个县级行政单位的开始。到北周建德三年（574年），置怀远郡及县，迁淮南3万户于此。史云："江左之人崇礼好学，习俗皆化，因谓之塞北江南。"

唐高宗仪凤二年(677年),怀远县城遭黄河"泛损"。第二年,即公元678年,"在故城西更筑新城"。这个怀远"新城",距怀远老城约7.5公里,即今银川老城所在。此后1300多年,历经数个朝代,银川城的位置没有变化,只有名称变更而已。

从北魏设怀远县,到唐高宗仪凤二年被洪水损毁,怀远老城经历了200多个春秋。仪凤三年迁建的"怀远新城",以贺兰山为自然屏障,远离黄河改道的侵害,发展空间广阔,地理位置优越,开创了银川建城史的新纪元,也成就了银川历史上第一个新城,为今日银川构筑了厚重悠长的地理历史基础。

北宋真宗天禧四年(1020年),党项族首领李德明将其政治、军事中心迁至怀远镇,更名为兴州。至此,将近600年历史的怀远县完成其历史使命。1033年,李元昊升兴州为兴庆府,动用军民大兴土木,进行了大规模的扩建。1038年,李元昊建西夏国,定兴庆府为国都。

据史载,兴庆府"周围十八余里,东西倍于南北"。这实际上就是明清银川城的形制,其坐标为今清和街、南薰路、凤凰街、北京路以内的长方形区域。城中有逶迤数里的元昊宫殿,有中书省、枢密院、三司等中央行政、军事机关的官厅衙署和功臣勋戚的宅第园林,有众多的寺庙建筑……可谓盛极一时。这是银川历史上最为辉煌的时期。

历史地分析,兴庆府成为西夏国都,得益于怀远新城的建立。

明代宁夏"新城"

蒙古灭西夏后,中兴府城一度空废。于1261年后才在此置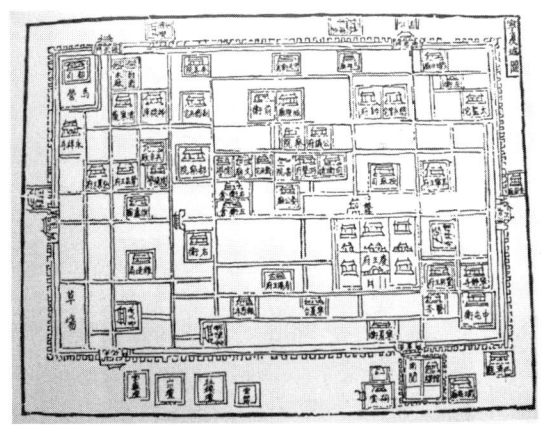中兴路,后改为宁夏府路。元末因战乱纷纷,人不安居,城池难以守备,即弃其府城西半,保留东城区,人称"半个城"。

明代的宁夏城图

明洪武九年(1376年)设宁夏卫,后升为宁夏镇,成为九边重镇之一。那时的银川城,就称为宁夏镇城,城池沿袭元末旧制,仍然是"半个城"。明朝新的军事、政治制度"卫所制"的创立,以及庆王府迁入宁夏镇城,促使宁夏经济恢复发展很快。60多年以后,在明正统年间,镇城人口迅速增加,"半个城"已难以担负其作为九边重镇的宏任,决定将元代弃守的西半部城池修复,坊间称之"新城"。这个"新城",是相对于东部"半个城"而言,其实就是西夏兴庆府城的西部,即今进宁街至凤凰街之间的旧城部分。

经过大规模修复扩建的明代宁夏镇城,城墙高3丈5尺(1丈为3.333米,1尺为0.3333米),基阔2丈。并环城引水为池,池深2丈、阔10丈,水四时不竭,产鱼鲜、菰蒲。镇城有6座城门,东曰清和,西曰镇远,北曰德胜,南曰南薰,西南曰光化,西北曰振武。城墙的四角建有角楼。另外还有85座悬楼、70座铺楼。整个城池雄伟工绝,"以至炮铳具列,闸板飞悬,火器、神臂之属制备,极其工巧",一显九边重镇之威武。

镇城内设王府8座,还建有太监宅、帅府、总兵官宅、公议府、按察司、察院及宁夏卫等30多处公署,其中,弘农王府、巩昌王府、都察院、副总兵宅等就设在"新城"。镇城内外,建有丽景园、金波湖、南塘、小春园、静得园、寓乐园、凝和园等53处景观。东门外红花渠东的金波湖,"垂柳沿岸,青阴蔽日,中有荷芰,画舫荡漾,为北方盛观"。

明代宁夏镇城"新城",实际上是将作为西夏都城的兴庆府城完整修复而来的,是当时社会经济发展的结果,也迎来了西夏以后银川城的又一个昌盛时期。

清代新旧满城

清雍正二年(1724年),裁卫、所,改置宁夏府,银川城时称宁夏府城。

清康熙十五年(1676年),清政府派八旗军驻防宁夏。雍正元年(1723年),清廷拨银于宁夏府城东北筑城,八旗军将军、都统等率兵3757名驻守于此。这座驻军小城,"周六里有奇",史称宁夏满城,其址在今兴庆区北门外满春乡满春村一带。

乾隆三年(1739年),宁夏大地震,建成仅15年的满城完全坍毁。"满城四门下陷,不能开展","所有满城中房屋、自臣等

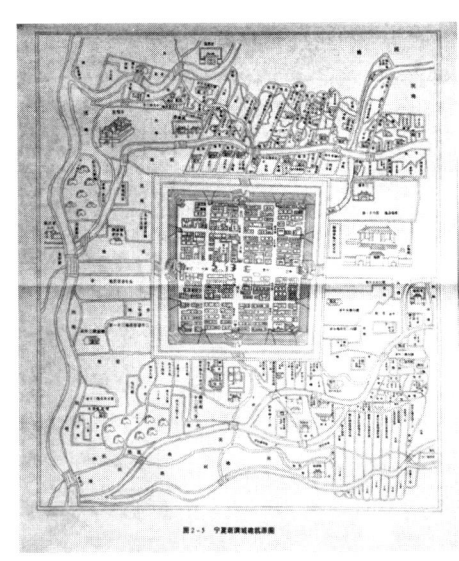

图2-5 宁夏新满城建筑原图

衙署，以至兵丁房屋，尽皆塌坍"。

乾隆四年（1740年），当局决定在距宁夏府城西15里的平湖桥东南移建满城。乾隆五年（1741年）闰六月七日，新满城及衙署、兵丁房间全部建造完竣。

宁夏新满城建筑图

"新满城"是相对毁于地震的"旧满城"而言，地址在今金凤区满城北街以西，新平巷以东，北京东路以北，周城巷以南。城呈正方形，人称"八卦城"，城垣周长1360丈，砖砌城墙高2丈4尺，辟有东西南北4座城门，东为"奉训"、西为"严武"、南为"永靖"、北为"镇朔"。城内有水沟24道，城外开护城河一道。有趣的是，"新满城"不仅城墙周长、城墙高、水沟数是"8"的倍数，其"满蒙八旗"军编为24个牛录、3472名兵士、协领以下88名官佐等，均是"8"的倍数，暗合"八旗"。将驻防八旗的编制和城市建筑形制巧妙地结合在一起，可谓别具匠心。

城内东西南北大街呈十字形，将全城官兵衙署房屋分为面积相等的4个区，将军署、都统署等各级官署和八旗驻地皆按固定的方位整齐布局。城内还建有万寿宫、关帝庙等多处庙宇及书院,中心十字大街口立4座牌楼,冲淡了森严的军城气氛,体现出各族人民和睦相处的氛围。

新满城原居住人口仅为八旗官兵,以后陆续移入大批驻军家属。至道光年间,新满城有1725户,计13411口。这时,新满城还是一座时尚漂亮的小城。居民每家都是独立小院,院内房屋整洁新颖,室内陈设雅致精巧,房前屋后植树栽花,廊下枝头莺唱蝉鸣,街巷商铺相连,一派祥和康宁的景象。

有人认为,宁夏府城乾隆三年大地震后重建,比原城内缩,城池规模逊于明城。但在笔者看来,宁夏府城居东,是宁夏的政治经济文化中心;新满城居西,是当时中国北方的军事指挥中心。两城呼应,呈双子连星之势,乃银川建城史之鼎盛,也奠定了银川城建再次向西拓展的厚基。

1913年,宁朔县政府从省城移治于新满城。1935年秋,当局决定在新满城修建飞机场,强行迁赶城内居民。仓促修建起来的飞机场,终因跑道太短,飞机无法起降而报废,新满城从此成了一座空城。

自20世纪初期,老银川人们把新满城简称新城,而把银川城叫作老城。20世纪50年代后,在新城地区兴建工厂、火车站、飞机场,这里逐渐成为银川发展的活力区。自治区成立后,决定在新城以西建设新市区。20世纪末,自治区和银川市于新、老城之间大规模开发建设"新区",新区现已成为银川市的政治文化中心。展现在国人面前的,是一座崭新的、宏伟的、宜居住宜创业的欣欣向荣的新银川。

吴忠礼/文

从沙城到军马场

有关沙城的故事是从这儿开始的。

1576年秋天的一个午后，天空晴朗无云，风从草原上吹来，翻动着沙城城头上的旌旗。一个名叫罗凤翔的将军，身着戎装，站在沙城西门的城楼上放眼远望，西边40里外的贺兰山连绵起伏，雄关要隘，犹如一道天然屏障。山下的拜寺口双塔清晰可辨，与拜寺口相邻的是苏峪口，苏峪口山中有一条道路可直达山的那边。那时候贺兰山西麓是鞑靼人的领地。鞑靼人是游牧民族，几乎每到秋天，当庄稼成熟、牛羊肥壮的季节，他们的骑兵就常常突破山口，窜至山前，抢劫财物，扰乱地方。所以到了这个季节，便是战备防务最紧要的时候了。而沙城恰位于苏峪口和宁夏府城（银川）之间，距银川城也不过就是30里路，其军事地位十分重要。罗凤翔时任宁夏巡抚，总揽宁夏军事，他此次视察防务，驻马沙城，远望贺兰山，触景生情，一时兴起，即赋《寻边望拜寺口》诗一首：

午下翻旌盖，阅关到水西。

沙城连塞草，龙刹映晴霓。

亘地层峦障,参天乔木齐。

从来形胜具,胡马望中迷。

这是一首写于沙城的诗,我不知道这位将军诗人是不是也把他的这篇诗作写在沙城的某个酒馆的墙壁上了。古人有往墙壁上写诗的习惯,那时候没有文学报刊,写在墙壁上,也就相当于在公开的地方发表了。这首写于明朝万历四年(1576年)的诗歌最终还是留存了下来,至今算来已是400余年,使得沙城有了更为深层的历史意义。

(1)

沙城从城建规模上看应该算是一座大城,20世纪60年代初,城的四角边墙还依稀可辨。此时,中国人民解放军总后勤部军马部奉命在此组建贺兰山军马场,沙城就成了军马场的场部所在地。军马场是一个农牧兼蓄的单位,除了为部队繁育优良的骒马之外,另一个任务就是屯垦戍边,从事农业生产。首先是军马场一队的人在城的东南角开渠引水种植了30多亩枸杞园,紧接着场部机关的干部又在城的东北角开垦出一片面积有20多亩的蔬菜基地。即便是这样,也仅仅是用去了这城的一隅而已,还不到全城面积的1/5。有人曾经粗略地计算了一下,如果把10个镇北堡那样的城堡棋子一样摆放在沙城城内,那城堡与城堡之间空隙的地方,该是一条两车道宽的马路了。尽可以想象沙城当初建城之时,其繁华兴盛当是西北一重镇了。

但凡人大概都习惯住在有院墙的家里,似乎一个家有了院墙,人才住得安稳。沙城的城墙是早已塌毁了的,没有了城墙还叫城吗? 沙城人就沿着老城墙种树,种沙枣树。沙枣树多刺,枝干繁密,是抵御风沙的好材料。每年到了仲夏季节,沙枣花开放,整个沙城便弥漫在浓郁的沙枣花香里了。

(2)

1968年秋天,在银川火车站通往沙城的那一条简易公路上,车轮滚滚,一辆接一辆的军车满载人员和物资接连不断地向沙城驶来。这时候的沙城已经是中国人民解放军总后勤部贺兰山五七干校的首脑机关所在地了,数以万计的现役军官集聚沙城。在沉寂了数百年之后,沙城满怀喜悦迎来了它的又一个兴盛期。这些来自北京、天津、上海、南京、西安、重庆、长春和大同等地的军人中,不乏为共和国的创建浴血沙场、九死一生的高级将领,也有诸多在军事科学领域卓有建树的专家或学者。后来担任共和国国防部长的曹刚川上将也随着这支队伍来到了沙城,一时间沙城将星云集,蓬荜生辉。夜幕降临之时,星耀四野,来自贺兰山口的长风在沙城的烽火墩上发出一阵又一阵啸响,闻之似虎啸龙吟。

这些经历丰富、学识渊博的军人给沙城所带来的变化是巨大的。当然首先是文化的传播,他们在沙城创办了一所五七中学,后来更名为银川八中。八中初创之时,从领导班子的组建到一般教员的配备,一色的是现役军官,他们分别来自总后的几所军事院校。有这样强大的教师队伍,其教学的质量在全国也堪称是一流的。后来从这所学校走出去的学生,有不少人成为各方面的精英人才,甚至连美国和英国的几所著名大学,也有这个学校的毕业生在担任教授和研究员。

这些军人还利用他们的技术优势,在沙城创办了一所机械修理和弹簧钢板生产的工厂。这所工厂生产的贺兰山牌汽车钢板在以后的十多年里,为沙城的发展创造了巨大的经济效益。

这些军人到来以后,沙城的营房和一应的生活设施建设比原有的规模扩大了数倍。校部机关的办公室门前,被开辟出了一处可容纳万人集会活动的五七广场。1970年的八一建军节,来自五七干校的学员、军马场的职工、驻地部队的战士和干校子弟中学的学生们,万余人会聚一起,在这个广场上举行了盛大的庆祝活动。到了晚间,广场上灯火通明,主会场上是一台文艺演出,另两个分会场各有两部电影在轮番上映。一个会场上映的是《平原游击队》,另一个会场则上映的是苏联影片《列宁在1918》,两边电影的声音可以相互听见,一边说"李向阳在哪里……"另一边则说"布哈林是叛徒……"而主会场则是女声独唱:"我爱马场我爱马,马场就是我的家……"歌声高亢激昂,有直冲云霄之壮美。

那个时期,沙城是极尽了喧嚣和繁华的,但喧嚣和繁华却并不久长。到了1973年,总后五七干校在完成了其历史使命后,开始逐步撤离。

(3)

将军们走了,数千位校尉级军官们走了,那些为沙城的建设做出了重大贡献的总后基建工程兵某部队四大队的战士们也走了,他们的远去,给沙城留下了永远难以忘怀的忆念。

1981年的夏天,沙城又迎来了3位尊贵的客人,他们是著名电影导演谢晋、作家李准和张贤亮。那时候由谢晋执导的电影《牧马人》正在寻找外景地,他们是来找马的。可这时候的沙城已经没有马了,军马场已经改制为农牧场了。

军马场的改制是在1975年。20世纪70年代中期,中国的军队开始了一次重大的军事变革,开始了由骡马化向摩托化和机械化的转换。军队裁撤了骑兵建制,即便是那些在步兵连队中发挥了重要作用的骡马也退役了。军队不需要马了,一时间,在北方广袤的草原上,有数十个军马场被裁撤,移交地方改制为国营农牧场。

军马场的改制,让沙城人备感失落。这些曾经身着军装,一双大头皮鞋把银川市的街道踏得咔咔响的沙城人,几乎在一夜之间便失去了他们的傲气。以往,他们在诸多方面都享受着比地方单位优越得多的生活待遇。比如穿衣,那时候穿衣买布要布票,国家发的布票是人均两丈,男人两丈女人也两丈,地方上的人常因为布票不够用而发愁,扯了被面就少了衣服,做了衣服就不能套被子。而沙城人则没有为布票发愁过,他们有配发的军装,冬有棉来夏有单,从头到脚都是军用品。再说吃的,具有城镇户口的银川人,每月食用油的定量是3两,肉的定量是半斤,且肉的质量又不能保证,那时候肉食品供应紧俏,平日里能吃上些荤腥就算是不错了,哪还有心去挑肥拣瘦呢。而沙城人就不同了,他们每月食用油的供应量是一斤二两,至于肉食,每一个生产连队哪一个月不宰杀两头猪啊?每年到了冬季,谁家的伙房里不挂着一只两只的整羊呢?沙城人称这为"冬肉",那是专门为过冬而储藏的肉。另外,沙城人还常常用自己生产的优质大米,到青海的贵南马场和甘肃的山丹马场换回牦牛肉、湟鱼和菜籽油,用以改善职工生活。干部职工或因工出差或回家探亲,怀里揣一张盖有中国人民解放军贺兰山军马场公章的介绍信,走遍天南地北,无论是乘车或入住旅馆,都会受到很好的礼遇和接待……凡此种种优待今后不会再有了,沙城人的情绪低落到了极点。人心思动,首先是那些银川知青开始返城,然后是那些老资格的领导干部和高学历的技术人员也频繁地调动工作离开了沙城。但凡有门路的能走的都走了,走不了的就只有留下来开始了顽强的坚守。

(4)

日子还要继续过,地还要继续种,坚强的沙城人在坚守中开始了二次创业,他们似乎又看到了一个美好的前景。他们在生产上既保持了传统农业的优势,又开创了多种经营的渠道。他们既种麦种稻,也种植枸杞和啤酒花。四条腿的马没有了,就养殖两条腿的鸡。于是一个科技含量很高的现代化养鸡场——沙城鸡场建成投产了。在20世纪的80年代初至90年代末,银川市居民的餐桌上,鸡肉和鲜蛋有80%是沙城鸡场生产的。风水轮流转,今又到沙城。随着改革开放的深入发展,政府加大了农业生产的投入,不仅取消了农业税收,但凡种地的农户,每亩地还发给一份相应的补贴,粮食和副食品调价,使得沙城人的收入成倍成倍地往上翻。当城里人为了日益增长的房价而发愁的时候,在沙城,只需花费七八百一个平方米的低廉价格,就可以购买一套带院落和车库的花园洋房。与此形成鲜明对照的是,那些曾经挖空心思离开沙城进入城市的人,有很大一部分则由于企业的破产倒闭或下岗或买断工龄而吃起了低保。这时候回过头来他们又开始羡慕沙城人了。好马也吃回头草,他们中有不少人又有了重归沙城的想法,竟也有人真的又回到了沙城。沙城人的胸怀是宽广的,当年那些人走的时候,他们执手相送,如今他们回来,又伸手欢迎,并给他们分了房分了地,帮助他们走上了共同富裕的道路。

　　沙城终又走上了辉煌。沙城原本就是一座城,如今更是一座城了。一幢一幢职工住宅楼拔地而起,成片成片的具有欧洲风格的别墅鳞次栉比。人物鲜亮,市场繁荣。但凡到过沙城的人,无不为之留恋忘返。2009年春天,曾经有两位作家来沙城采风,看到那生机盎然的田园和花树掩映中的颇具城市风格的市镇,很是惊讶。中国的文化人,大多都有一种与生俱来的山水田园之情结,他们追求一种生活的和精神的完美,却又总不能完美,常常是近了田园却又远了都市,而近了都市却又远了田园。但在沙城，他们看到了那样一种田园和市镇兼具的文化环境。

在银川的街道上，有一路公交车是开往军马场的。我们去沙城吧。

葛林/文

山河湾：老银川的底层风情画卷

因为下水道修建，2012年4月中旬，贯穿山河湾的东西向小巷道被封闭了，这为本来就显得神秘但又被冷落的山河湾添加了一层神秘外衣，这个曾带给银川人很多歧义的小区，究竟走过了怎样的演变之路？

山河湾在哪儿？

银川的许多地名都有着和字面联系在一起的建筑物，比如

玉皇阁或鼓楼，至今仍能看见这两个古老的建筑；比如大庙，虽然庙宇消失了，但老银川人依然习惯地称那

里为大庙,唯独"山河湾",没山没河也没湾,至今仍叫这个名字,这是何故?山河湾的具体位置在哪里?

山河湾虽然地处银川闹市区,但其知名度却很低,完成这篇文章前,记者曾随意采访了不少非山河湾社区的居民,具体知道山河湾的很少。按照文化东街原宁夏广播电视总台电视大楼东侧的"山河湾社区"门牌的指示,记者走进社区居委会,漫步其中,几分钟就能将4幢楼的小区转完,居民楼在东侧洋气的盛世花园和西侧高大的电视台大楼的包围中,显得有些寒碜而破旧。

社区居委会设在社区西侧的两层小楼上,居委会的工作人员李海英告诉记者:"很多人看见我们这里挂的山河湾社区的牌子,以为这里是山河湾,其实,这里根本就不是,真正的山河湾在与我们社区一街之隔的鼓楼北街西侧。"按照她的示意,记者走进了位于鼓楼北街西侧和民生巷东侧、解放东街和文化东街之间的这片至今依然透露着一股老银川味道的社区。

先说"米粮市",再说"山汉弯"

要说清楚山河湾,还得先说米粮市。按照老银川人的说法,没有米粮市,就没有山河湾。

今日的山河湾,是旧时银川有名的米粮市。20世纪40年代以前,米粮市是银川居民进行粮油、蔬菜及小百货贸易的主要场所,逐渐发展成了银川最大的集贸市场。那时,郊区的农民进城来售粮,和买家谈好基本价后,经由经纪人评价,双方确定好最后交易价,用传统的斗来计量,经纪人用平尺抹平斗上的粮食后,再用手抹一次,而售粮的农民可能出于对劳动成果的珍惜,也会在最后交易完成的刹那,伸出自己的手,在斗上摩挲用自己的汗水换来但又很快交易给别人的粮食。就此,老银川有了"米粮市是抹斗"的说法。鼎盛时期,米粮市内有十多家经营粮食的斗行,这些前店后场的斗行几乎全是家族式经营。

至今,在文化街上,还有一家经营烟酒零食的"傅家斗商行"。老板傅涛就是"傅家斗"的传人。谈起昔日的傅家斗,傅涛的脸上立即浮现些许骄傲。他从小就从爷爷、父亲那里听熟了米粮市里的"斗的故事"。当初最有名的10家斗行中,徐家斗第一,傅家斗排名第二。

那些从郊区来到米粮市卖粮的农民,有的是带着售完粮的喜悦与天晚回不了家的无奈,或许也想在城里逗留一晚,逛逛老银川;有的则是带来的粮食卖不掉,带着焦急的心情但又住不起客栈,他们便选择在鼓楼北街到民生巷这一带的贫民区入住。开始,这片贫民区有不少空地,一些来卖粮食或其他农产品的农民,为了省下在银川城的住宿钱,便从几百米外(今

银川十五中内)的文庙内拆些砖石,从城外拉来黄土,建成了一个个简易的平房。这样的平房逐渐多了起来,并形成了一定的规模。由于没有任何规划,大家都随意建房,走进这里的人几乎看不到正规的路,七拐八弯的小道,连接着这里和外面的世界。老银川人经过这里时,看到的尽是他们眼中"山汉"一般的乡下人,这些人出入居住的小区时,走的又是弯弯曲曲的小道,于是,老银川人便称这里为"山汉弯"。

"绕手的",旧时"山汉弯"一景

入住山汉弯的人多了起来,有眼光的商人发现了商机,建起了供更多乡下人来此住宿、休息的车马大店。最出名的便是宋家大店。这些车马大店也吸引了一些从事皮肉生意的女性来这里。

如今,真正管辖原山汉弯居民的居委会叫崇信社区,在社区内工作的侯万军就出生在这里。他记忆中的"山汉弯",道路可以说全是弯的,小道只能勉强过两个人,大点的道也就勉强过个自行车。那些在米粮市去卖粮食、蔬菜的人,晚上来这里住,时间长了,那些专门从事皮肉生意的女性便也来这里找生意,使这里逐渐成了老银川的"红灯区"。到了晚上,小道边、小店门前昏暗的灯光下,这些女性便向路过的男子绕手,以此来招揽生意。时间长了,便有了"米粮市里抹斗的,山汉弯里绕手"的说法。那些女性住的店也被戏称为"挂红门帘子的",慢慢地,老银川人将这里看成了一块滋生不正经的地方,要骂人不正经,常常也会讥讽其为"山汉弯里来的";讥讽女性不检点的话,也称其为"山汉弯里绕手的"。

秦声轶事,底层生活的风俗画卷

住的人多了,就衍生出了很多的"新事物"。来自郊区的民众为了祈求自己健康,逐渐入住进来的小商人也渴望自己的生意能越来越好,于是,山汉弯里便兴建起了一座"黑虎庙"。一些爱好听秦腔的人,更是在傍晚时分,在院子里吼几声秦腔。慢慢地,爱好秦腔的人们在院子里搭个戏台子,听戏的人带着小凳子、板条椅子去听那一道道秦声。

山汉弯里住的多是贫民,他们跑的路多但又没钱买新鞋,这就催生了这里的修补鞋行当,十多家修鞋行出现了。随之,各种卖小吃的饭馆应运而生,流动小贩穿梭于窄窄的巷道间。

在山河湾居委会的工作人员李海英的脑海中,这里承载了她的少年记忆:"那时,有同学住在山汉弯,常常去同学家玩,全是老房子,有台阶,是门对门的那种院子,收拾得很干净,这里是我们小时玩耍的天堂。"

侯万军对山汉弯的记忆更是清晰:"过去,全是土木结

山河湾里的小巷

构的老房子,四合院很多,大门是用砖砌的,很有风格,直到上个世纪80年代城市改造时才给拆掉,是真正的老城民居的味道。可惜了!"付涛回忆说:"解放后,征土地时才将这里的车马店拆了。那可是最能代表老银川的建筑呀!"

从"山汉弯"到"山河湾"

在1988年出版的《银川市地名志》中,这样介绍山河湾前巷:"山河湾前巷,在银川市城区中部,南起解放东街,沿五金交电大楼西侧曲折向北连山河湾后巷,长215米,车行道宽3米,原名山河湾前街。"1947年,马鸿逵响应蒋介石的新生活运动,大力提倡银川老街道更名,鉴于这里曾经一度是老银川的"红灯区",便将这里更名为明耻巷。

同时,在《银川市地名志》中这样介绍山河湾后巷:"山河湾后巷,在银川市城区中部,西起民生街,曲折向东连鼓楼北街,长256米,车行道宽约4米。原名山河湾后街。"在马鸿逵的银川街巷更名运动中,这条巷子被更名为同心巷。

1959年,银川市开始重新规划城区地名,将山汉弯前后两个巷子合并,考虑到山汉弯这个名字带有明显歧义,便取其谐音,更名为一个诗意的名字——"山河湾"。这就是时下很多银川人提起山河湾来,常常纳闷这里没山没河也没湾,何来如此的名字。

山汉弯就在这种民间底层人的来来往往中走着自己的路。今年77岁的张爱琴老人一直住在这里,提起这里时,心里还带着浓厚的感情,在她的眼里,山河湾在中华人民共和国成立后就彻底变了模样,当年给银川工业带来新气象的红旗服装厂最初就建在这里,宁夏总工会、银川市检察院、银川市文联等单位相继在山河湾"安家"。

傅涛从小就生活在山河湾,在他的记忆里,最引以为豪的是山河湾里十五小旁出现了银川市的第一幢二层小楼,因而也有了老银川"一个公园两只猴,一个警察看两头,十五小的二层楼"的顺口溜。

后来,山河湾社区挂名挂在了文化东街原宁夏广播电视总台大楼东侧,真正的山河湾所在地成了崇信社区。社区名字改了,但山河湾一直淡定在银川的城市发展中,甚至常常给人一种这里被遗忘的感觉。弯弯的巷道依然连接着生活于其中的百姓和社区外面的街道,原来设在山河湾西端、民生巷以东的银川市文联搬走了,宁夏总工会也搬走了。整个山河湾里最大的机构恐怕是兴庆区十五小了。

近年来,整个社区内的建筑多年也不见有什么变化,2011年年底,社区北端出现的一家连锁宾馆算是社区内建筑上最大的变化了。4月中旬,山河湾社区中间东西向的小巷改造,封闭式施工使山河湾显得更加神秘,这也算是2012年山河湾最大的"动作"了。

唐荣尧/文

唐徕，无法忘怀的岁月

田园巷，位于凤凰北街唐徕小区内，巷子向西可蜿蜒到达唐徕渠，向东穿过凤凰北街便进入马上要动工建设的湖滨街扩建区域。2013年，湖滨街、田园巷两条原本不相接的街巷将在唐徕小区这里合二为一。在西边，唐徕渠上又一座正在施工建设的桥，在那里等待和它们相遇。

让这一切发生的正是启动于这个春天的"兴庆区道路疏通，老旧小区改造工程"。唐徕小区作为目前银川市最老的居民区，自然被首当其冲列入改造之列。

生活在小区的人们年前就知道了这个消息，也议论了很久。但当3月4日，在小区里看到大大的"拆迁"二字被喷在自家或旁人家的墙上时，人们才发现自己竟如此留恋小区曾经的时光。

（一）改造启动，回眸往事

修建历史最悠久的居民住宅区

唐徕小区修建于1984年，是由宁夏中房集团开发的第一个住宅小区，目前，它已成为银川修建历史最悠久、居住人口最多、生活设施最齐全的一处居民住宅区。

当初修建时，人们可没想那么多。1984年，全国城市建设不过都刚刚迈开步伐，银川老城区里在完成了一些小区域、零散的居民住宅开发后，突然发现居然没有一块可供稍大规模的住宅开发地时，规划、设计、建设部门不约而同将视线聚焦在了凤凰街以西、唐徕渠以东的这块区域，当时它上面覆盖的是绿油油的庄稼地和灰蒙蒙的土坯房。很自然，因为相邻唐徕渠，它有了个朴素的名字——唐徕小区。

事实上，唐徕小区是一个基本毫无规划概念而言的居民住宅区。"建设是分阶段进行的，在缺乏控制性详规情况下，边建设边琢磨，导致小区路网、绿地等基础设施用地缺乏。"宁夏著名城市规划师是亚明先生如是说，"但是，唐徕小区开创了宁夏建筑史上第一个如此大规模居住的小区，第一个实行商品房开发运作的小区。"

虽然缔造了诸多第一，但依据目前的房屋建筑标准，唐徕小区已明显存在安全隐患。囿于当时建筑施工材料和建设水平所限，1984年一直到1998年，唐徕小区的楼群采用的都是"砖混结构、预制板材、无圈梁、无构造柱"的标准，这也造成了小区大多房屋抗震等级低、户型小，且多是千篇一律的6层楼房。"楼体线条和空间美感基本没有，就连小区内的道路，也是我们修到哪里通到哪里，基本是一边修建一边规划，所以有无序之感。"宁夏中房集团首席工程师舒建民说。1998年，舒建民参与了唐徕小区的4期工程建设,在此期间建筑的25栋楼已经开始采用砖混结构的全浇板材,也开始出现80平方米以上的大户型。

是生活在这里的居民,逐渐让唐徕小区一点一点发生变化,逐渐趋于成熟。1988年有了银川第四幼儿园,1989年有了唐徕回民小学,1990年又有了唐徕中学,1993年有了唐槐综合市场,2000年自发形成了孩子、老人休憩娱乐的小区广场。过往银川兴庆区的很多公交车辆每天都要从东、南、北几个方向沿唐徕小区而过。

"便利、熟悉",是生活在这里的人们对家园的评价。

每个清晨,小区都被上学孩子、上班人群的匆匆脚步唤醒;中午,小区里最拥堵的街道一定在西桥北巷,公交车、出租车、自行车和小商小贩的板车填满了整条小街,小贩们莫不乘着这个时候,喊破喉咙抓住每一个商机;吃过午饭的老人陆续赶到唐徕小公园,在这里,他们可能会不知不觉消磨掉一个下午,打麻将、掀花花、扭秧歌、谝闲传、逗孙子,这些都让生活在唐徕小区的老人们的晚年过得不似人们想象的那般寂寞冷落。夕阳西下时,是唐徕小区最温馨的时刻,老人孩子们,情侣夫妻们,沿着小区的任何一条小路,经过不断地穿插,都能到达唐徕渠边,享受一天里最放松的时光。

"老旧",也是生活在这里的人们对自己家园的评价。

1号楼是南北走向,楼梯有一部分裸露在户外,楼梯扶手是木质的,每层楼梯间是用红砖砌成的网格状墙体,既能通风又能透光,大概这也是当时做出这样设计的意图所在。这样的老楼占到唐徕小区楼群数的60%以上。再加上成天溜达在小区里的占到整个兴庆区老年人口13.2%的老年居民，还真让唐徕小区处处透着股老态龙钟的气质。

就像冬天来了，春天必定降临。这个春天，摧枯拉朽的事物中又多了唐徕小区一个。虽然没少感叹房屋狭小、居住安全堪忧、管道老化、小区人车拥堵、绿地有限……而一旦面临改变，人们还是多少显得有些忙乱。熟悉的老朋友还能常常见面吗？还会有如此便利的出行和生活设施吗？还能像以往一样过一种虽清贫但简单的生活吗？他们担心，今后的某一天、某一刻，他们熟悉的这一切会随着旧城改造戛然而止。

唐徕小区就是这样，纵有100个让外人不喜欢的理由，但生活在这里的人们总能为自己找到一个忘不掉的理由。

（二）几多光阴几多烟火

清晨的唐徕渠，阳光已渐渐亮起来，渠两边的树枝春意萌动，一阵阵欢快的民族舞曲沿着唐徕渠两岸飘荡，渠两边凡是

唐徕小区街貌

有空地的地方，就有晨练的人们。晨练回来的主妇们，手上提溜着早市买回的早点、青菜，路上遇到许久不见的老街坊，常常因为寒暄，而忘了在家等着吃早点的家人；早晨，孩子匆匆上学的身影会伴随着送他们上学的老人们……这就是唐徕小区一天的开始，几十年来，每天它都是这么醒来。

田园巷里的旧时光

王静凤的"天天理发店"在田园巷已经开了14年，如今成了一家人生存的饭碗。丈夫每天烧了开水为客人洗头，王静凤剃头理发。因为迎来送往的都是附近的老住户，5元、10元的低价理发费用，让小店的生意一直都顾客盈门。这两天，来店里理发的人，寒暄不上两句就会说到即将开工的湖滨西街打通工程，听得王静凤很有压力。

王静凤租的是银拖(银川拖拉机厂)住宅小区的房屋。银拖住宅小区的历史早于唐徕小区，原来只属于越秀小区管辖，后来为了便于管理，银拖住宅小区和仅一墙之隔的领秀一居高档住宅小区并入唐徕小区。虽一墙之隔，那一边现代雍容，这一边却破败残缺。

银拖厂搬迁继而倒闭后，居住在这里的职工下岗的下岗，做生意的做生意，有本事的也纷纷搬离了这里。如今，留在这里的大多是老人和出租客。

下楼倒垃圾时，来宁打工的甘肃小伙张小宁看到楼梯上写着个大大的"拆"字，他的眉头一下紧缩起来。他去年10月来到银拖住宅小区,才付过一年房租。这里的房屋虽然破旧不堪,但因为上下班交通便利,省了奔波之苦,所以一直没有搬离。"又得找房子了,刚住习惯了。"张小宁舍不得离开这里,又何况那些在这里生活了二三十年的老住户?

一位婆婆硬要拉着记者去看看她即将拆迁的房子。她说她快70岁了,大半生都住在这田园巷里,老伴和儿子都曾是银拖厂的职工。像他们家这样,楼上楼下住着一家两辈的人,在银川拖拉机厂家属院里很常见。厂子倒闭后,老太太让出了自己临田园巷街边的一楼住房,供儿子开商店用,而自己则搬到二楼,和儿子一家人挤在一间48平方米的房子里。这是一栋三层砖混结构的楼房,水泥地面的楼道,坑坑洼洼,楼梯是木质的,或许是许久没人碰了,上面布满了灰尘。家家户户安装的还是20世纪90年代初流行的那种淡蓝色防盗门。老人的家里暗沉沉的,墙面上泛着灰黄灰黄的颜色。家里没有坐人的椅子,饭桌、电视等都是围绕着几张床的位置摆放。唯一崭新的算是塑钢阳台,老人告诉我们,临街的房子,容易让贼惦记,图了安全才安了这个,原来的门窗都是木制的。顺着窗外向下看,就是老人住了一辈子,也守望了一辈子的田园巷。

原银拖厂老职工李宗武,30年来一直住在银拖住宅小区,小区的变化以及小区里的一事一物,既是他的记忆,也是他的人生。以前,从家里走到厂区只需5分钟,下了班可以到"职工活动室"跳跳舞。2000年以前,家家户户都有煤房,之后统一拆除,住户在拆除地上开辟了蔬菜地,用细树枝扎了栅栏围着,还偷偷养着鸡。走到这里,仿若回到了20世纪80年代,给人以时光倒退之感。

一辆收购旧家具的电动车远远自西向东驶来,车上喇叭里传来了尖利的吆喝声:"收旧家具,收家电喽。"小贩也知道田园巷要改造了。

唐槐市场,烟火人间

唐徕小区最有生活气息的地方,人们会说:"是唐槐市场嘛。"

一进市场,记者便被小贩吆喝得都想买上几斤刚上市的小番茄。

市场里买菜的人真不少,菜也闪着新鲜的露珠。菜贩白小雷告诉我们,挎着篮子来的,多半都是唐徕小区的老住户,报菜价时至少得少报三五角,菜也得给足斤两,"否则他们会叨叨死我。"反正离得近,有的是大把讨价还价的时间。

王婆婆只买市场最西头那家卖的鱼,买了十多年了,却连卖鱼摊贩的名字也叫不上来。那也不影响什么,老太太一出现,摊主就知道老太太的家里一定又来了贵客,她只买草鱼,因为她

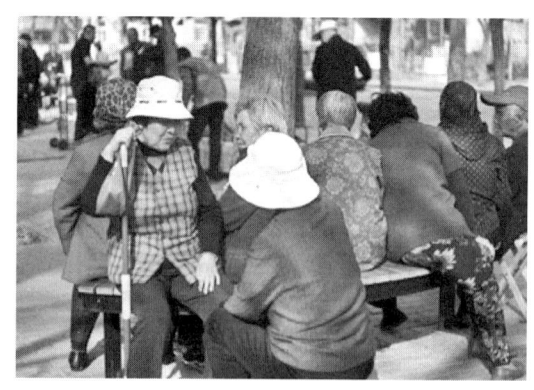

唐徕小区街边公园里休闲的居民

固执地认为草鱼只吃草,不吃饲料,是真正的绿色安全食品。老人蒸的包子很好吃,只要蒸了,老太太总会提溜上一袋子给鱼贩和对面卖生姜、卖辣椒、卖香菜的摊主们尝尝。后来商贩们一留神,发现老太太选择品尝她包子的人,还是和卖鱼和做鱼需要的食材有关。吃了人家的,自然手软,所以王婆婆总能从他们手里买到最新鲜、最实惠的食材。

在唐徕回民小学、唐徕中学加起来读了12年书的李筱对唐槐市场深有感情。曾经每天放学后,她都会不自觉地去市场里溜达,"小红帽"的炸串串,市场最南边的包子铺、朝鲜大叔的辣白菜,还有距离市场不远的号称"15年老字号"的凉皮店都是她的最爱。可能是口味的记忆很难轻易改变吧。虽然李筱已上班工作,来唐槐市场也不像以前那么方便,可每隔一段时间,她还是要来这里解解馋。

唐槐市场修建于1993年,后来在自治区五十大庆和2008年创建全国卫生城市的过程中扩建成现在的规模。市场之所以不叫唐徕市场,是因为原来这块区域为原唐槐新村720名失地农民所有。目前,市场由银川海宝实业公司管理。虽然在市场里啥菜都能买到,但是银川海宝实业公司的原总还是觉得市场面积太小了:"才能容纳100余商户,东西不过长54米。"他听说旧城改造也涉及唐槐市场,"最好整体拆建,如果只占用一部分,经营还是个问题。"

原总的顾虑也许现在可以打消了,因为记者了解到,规划部门原本就打算在唐徕小区附近新建一座设施更加优良的现代化蔬菜大卖场。

然而，菜市场重建，有人笑，也有人愁。

水果摊主李缠旗就住在唐徕小区，8年前从原银川汽车配件厂下岗后，他开始在凤凰北街街道办事处办的下岗职工自立市场卖水果。市场最初设在西桥北巷，后来西桥北巷打通后，就搬到了现在的兴仁巷。8年里，他的生意一直不温不火的，生活也平平淡淡。

旧城改造打破了李缠旗平静的生活，谋生和居住都要面临重大改变，这多少让李缠旗无所适从："人都搬走了，还把水果卖给谁去？"虽然这个下岗职工自立市场可能会迁到室内去，但随之而来的一年怎么也得上万元的摊位租金，他不知道自己能不能对付得了。还有，新房也让他发愁。李缠旗现在的房子50多平方米，要能安置同样大小的房子，他还能接受，如果都是大户型的，对于夫妻俩都下岗的李缠旗一家，就有很大困难了。

今后咋办？"只能走一步算一步了。"李缠旗说。但是，他还是对即将到来的新生活充满期待，住新房子，住大点的房子，从此不再经历在风霜雨雪中摆摊之苦，不正是李缠旗一直努力奔波的目标吗？

（三）人情味这边更浓

1984年5月17日，在唐徕渠畔住了63年的马学良对这个日子记得很清楚。当年，为了修建唐徕小区，房地产公司征用了原北塔一队、二队的农田，就是在那天，原北塔一队、二队的农民搬到了现唐徕小公园东边的区域，当时那里是一片荒滩地，人们住在自己盖的土坯房里。亲眼看着自己的家园上一点一点"长出来"的楼房，马学良和村民们都觉得自己离做个"城里人"的梦想越来越近了。如今，马学良那一批村民早已成了居住在唐徕小区里最早的城里人，他们的儿子、孙子也先后在这座小区里安家落户，马学良现在享受着的，就是儿女能时刻承欢膝下，老朋友能时常见面，能随时听到秦腔，有病了可就近医疗的晚年生活。

渠水相伴，公园会客

在唐徕小区，历史最悠久的自然是修建于唐朝的唐徕渠。此外，东边紧邻的一条名为西北小渠的小河也很值得一说，渠水引自西边的唐徕渠，缓缓流进东边的中山公园。据《乾隆宁夏府志》介绍，西北小渠修建于乾隆年间，"银川城有西北、南小渠两处，飞槽引唐徕渠入城"。只是当年主要用以灌溉庄稼的西北小渠，如今主要用作中山公园

西北小渠碑记

的绿地灌溉,更多扮演着城市景观、净化城市空气水系的角色,灌溉的用途则向城市以外更远的地方延伸。

"西北小渠我建议借着旧城改造,一定要好好保留下来。"市民郑济洧说,他在唐徕小区也住了近20年了。

那条经过小渠的路,夏天的时候绿树成荫,郑济洧每天都要走上几遍。早上送完了孙女,沿着这条路,听着路边潺潺的河水声,郑济洧常常觉得自己的幸福感有很多都来自这个小区内浓郁的人文环境。任何一栋楼下,都三五成群地坐着相熟的老人,从早晨到夜幕降临,他们总有聊不完的话题,还有人干脆端着饭碗,一边扒拉着饭一边说话。

沿着这条路,沿途还有不少社区医疗服务站和私立医疗机构。每家诊所名称其实都很普通,不是"唐徕某某诊所"就是"唐徕社区某某医疗服务站"什么的,仿佛只要沾了"唐徕"二字,就定会让患者有了种安全感和信任感。别看这些掩映在小区里的诊所,很有些名气且传播到了外省市区。据说小区里有家治疗皮肤病的诊所,想要挂上号可不容易,有时不得不托和诊所有交情的亲戚、朋友、同事、邻居才能看上病。因为名气太大,20世纪90年代,中巴5路车还专门设了一站到这处诊所。如今站牌还立在原地。

沿着这条路,就能到达唐徕小区的小公园。事实上,无论你熟悉或不熟悉唐徕小区的路线,只要你沿着任何一条路不断向北,就绕不开这座小公园。这个小公园就像唐徕小区的公共客厅。

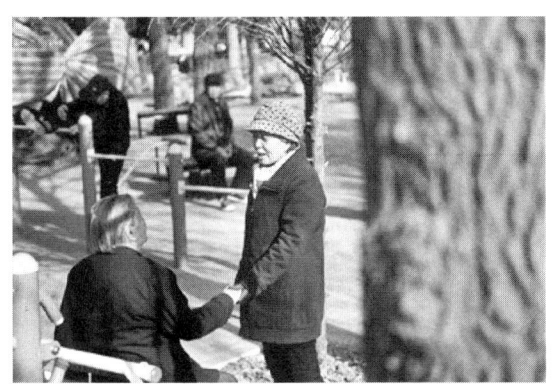

小公园里悠闲的居民

"客厅"基本上从早到晚都高朋满座。早上最聒噪的是社区里的老大妈,扭着永远也不厌倦的秧歌,大爷们则摆弄着各种健身器材;中午之后,老人们索性就在公园里支着桌子打上几局牌。爷爷们的老伴,则站在一旁随便聊着天,闲侃着家门口的市场里哪家的东西又好又便宜。

就近入学,方便省心。每天下午5点左右,唐徕小区的各处幼儿园、小学门前的巷道里都挤满了接孩子的家长。和其他学校不同的是,唐徕小区里接送孩子的家长大多来自本小区,出了家门,拐几道弯,走几步就到了,这种便利常常让其他小区来唐徕小区接送孩子的家长羡慕不已。

作为银川市最大的居民住宅区,唐徕小区还以幼儿、小学、中学等齐全完备的教育机构让其他小区望尘莫及。目前,小区内有银川市第四幼儿园、银川唐徕回民小学和唐徕中学高中部3所公立教育机构,至于其他的私立教学机构也有数十家之多。

为了4岁孙女今后能得到良好的教育,李淑珍从阿拉善左旗将房子买到唐徕小区。出门向东走不远就是银川市第四幼儿园,往西走不远,穿过西桥北巷就是唐徕回民小学,孩子再大一些,还可就近读唐徕中学。李淑珍常常很庆幸自己早早买了唐徕小区的房子。

在唐徕小区,像李淑珍这样为了孩子的教育买房或租房或留守在此的住户占到50%以上。孩子多由爷爷奶奶照顾,学校、幼儿园就设在小区里边,老人接送孩子上下学方便又安全,让奔波劳碌的家长们放心很多。

庞大的居住人口和唐徕小区周边的辐射效应,让唐徕小区的教育、教学质量在近几年得到大幅度提升。就连不少外地人也闻名前来,因为唐徕小区的出租房或出售房价格相对低廉,为了孩子的教育,他们中的不少人干脆将家安在了小区里。

唐徕小区内还有一家声名远播的幼儿园——宁夏中房蒙特梭利国际学校。这所学校的创办者孙瑞雪女士算得上是"蒙式"教育的开拓者和先行者。这所幼儿园在宁夏的创立,使其几乎成了中国蒙式教育的发祥地。虽然1995年将园址选设在这里与唐徕小区的地理位置并无多大关系,但多年运营下来,这所幼儿园的品牌影响力,又成了唐徕小区成熟

小区一带聚集了不少教育机构

的教育资源里的又一亮点。家住金凤区森林半岛的侯尚勇先生已经坚持送女儿上蒙特梭利学校有10年时间。侯尚勇先生虽然认为蒙特梭利学校的"学费有些贵,接送不便",但是看到女儿在这种"爱和自由"的教育环境里一点点可贵的成长变化,他觉得这点付出还是很值得的。

2011年,为了接送孩子上下学方便,侯尚勇先生购买了私家车。但是唐徕小区内上下学时间,混乱的交通让他几乎无法将车开到学校附近。不仅是蒙特梭利学校门口交通拥堵,其余几所学校门前也是车水马龙。摩托车、自行车、汽车、三轮车加上接送孩子的人群,塞满了校门口的巷道。

"如果今后,唐徕小区的教育环境和教育设施能够再进一步得到完善,我打算坚持送女儿在这里读完初中。"侯尚勇先生的期待不久就会实现,市规划部门日前已作出方案:"在保持唐徕小区原有教育资源、教育设施的前提下,将扩建学校周边道路,在原址基础上扩大现有校园面积。"

乔建萍　李雅彤/文

"五亩宅"的变迁

"欲求五亩宅，洒扫乐清净。"这是苏东坡《径山道中次韵答周长官兼赠苏寺丞》中较为人所熟知的一句诗。但恐怕多数银川人并不知道，在银川也曾有过一座以"五亩宅"命名的居所，它的主人就是昔日西北著名将领马鸿宾。

一条小街，两座大宅

正午刚过的信义市场，闷热而嘈杂。商贩的叫卖声，顾客的询问声，双方的讨价还价声，弥漫耳边。市场上方蓝白相间的硕大顶棚，偶尔露出一些破损的小洞或裂隙，闪着白亮的光，提醒人们此刻外面正是骄阳炙烤。

信义市场旁的小区门洞

这里，大概

信义市场俯瞰

是银川城最为繁忙的一个处所了,既是热闹的农贸市场,也是连接中山街与玉皇阁街的一条行人通道,熙攘的人流与摊位间,装满着银川老百姓最熟悉的市井气息。然而,如果时光往前追溯六七十年,这里可能又会是银川城最为气氛肃然的一条街,它曾一度被称为"马府街",200米长的街道上,坐落着两座宁夏军政要人的府邸,一座是马鸿逵的大公馆,一座就是本文所要讲述的马鸿宾的"五亩宅"。

马鸿宾,原国民党高级将领、民主人士,其父为抗击八国联军的甘军将领马福禄。从民国10年(1921年)升任宁夏护军使起,马鸿宾曾3次主持宁夏政务。1933年,在马鸿逵接任宁夏省主席后,马鸿宾率所部第三十五师移防于宁南和陇东地区。1946年以后任国民党西北长官公署副长官。1949年9月,在他的指示下,其子八十一军军长马惇靖在宁夏中卫一带率部起义。中华人民共和国成立后,历任宁夏省副主席、西北军政委员会副主席、甘肃省第一副省长等职,1960年病逝于兰州。

五亩宅,一直以来就是马鸿宾及其家人在银川的住所。其原址位于今天的信义市场北侧,坐北朝南,东边与马鸿逵的大公馆比邻而居。

记忆中的"五亩之宅"

马学恭,原供职于自治区教育厅,现为自治区政府参事。这位老人,说起来是马鸿宾先生的孙辈,其父为马鸿宾的外甥,也是马鸿宾当时非常器重的副官。

五亩宅昔日的照片

对于五亩宅,马学恭有着较深的记忆,因为他就在这所宅子里出生,并且一直住到十几岁才离开。

"五亩宅门前有一对大石狮,门额上悬挂着一块三四米长的木匾,自右至左刻着'五亩之宅'四个楷书大字,酱紫色的底子草绿色的字。"马学恭回忆道。他说,人们现在说起马鸿宾的这所宅院,一般都称它五亩宅,但匾额上的字他记得很清楚,比这个叫法要多一个"之"字。

在马学恭的记忆里,五亩宅也绝不止"五亩",而是比五亩要"大得多得多"。"五亩宅不是人们通常以为的一个宅院,而是一系列院子的组合。从大门进去,整个五亩宅里,院子连着院子,光大大小小的广场就有四五个。"马学恭说,"马鸿宾的居所和办公地点在宅子中间靠东面的区域,而我们家住的院子则在西北部分,后面不远处就是一片湖泊,我们叫它'后湖',它也是五亩宅的一部分。"

按马学恭先生的讲述,当初五亩宅的区域确实比较大,其西面临今玉皇阁北街,东面与马鸿逵大公馆相接,而南北的长度要从今天的信义市场一直到湖滨街一带。就是在这个巨大的宅院里,马学恭度过了他快乐的童年时光。"孩子们总是无忧无虑的,当时五亩宅里住着我们这一大家子的许多人,孩子也很多,我们常常结伴在院子里的广场上玩,放风筝、打尖、捉迷藏……玩得不亦乐乎。"马学恭说。

说到儿时与马鸿宾不多的几次接触,马学恭的记忆里似乎也是快乐的元素:"我们平时很少见到他(马鸿宾),父亲也不让我们到他住的院子里玩。但印象较深的一次接触,是父亲带我去给他表演我在学校学到的才艺,他看后哈哈大笑,大大地表扬了我一番……"

从大宅院到供水站

时光流转,五亩宅对于马学恭来说作为"家"的概念的结束,是在20世纪50年代末。那时已经十几岁的他,随父母一起从这里搬离,而此时的五亩宅也正经历着一次角色的大转变。

今天在信义市场走到约摸一半的地方,向北拐去,可见一居民小区的入口。穿过小区数米长的水泥门洞,眼前是片豁然开朗的院落,这里就是当年五亩宅的一部分,现在是自来水总公司住宅小区。

马光仁,自来水总公司住宅小区居民。从 1958 年开始,他就在自来水公司工作。在他的记忆里,

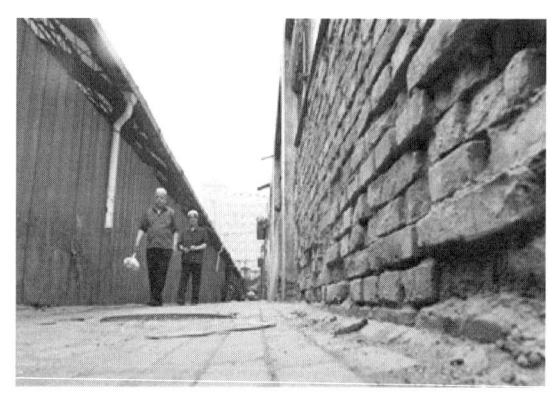

信义市场旁的窄过道

他初来时这里刚建起一座高高的供水塔。在水塔的东边,是一道拉着低压电网的围墙,墙那边是原先马鸿逵大公馆的旧址,其东北区域还存留着一座古建筑式样的二层小楼。而在水塔围墙西边的区域,也就是原先五亩宅所在,除了临街的一排居民平房,整个地带已是一片空旷。

一座高 30 米的供水塔,两个巨大的蓄水池,两眼 150 米的深井,一片空旷的土地……几乎构成了此时五亩宅的全部,而这个原先马鸿宾家族的居住区,也变为银川市最初的自来水供应地。马光仁还记得,那时临街面设立的自来水供水站,数量众多的水龙头一字排开,人们肩挑车拉,将自来水运送到银川城的各个角落。

1984 年之后,马光仁现在所住小区的住宅楼开始陆续建起,已不再承担供水任务的水塔其后也被拆除,这片区域又从厂区变为居民住宅区,一直到现在。

李振文/文

光华门往事

　　银川老百姓至今还习惯用一些城门名称来辨识一些地方，像南门、西门、东门、北门、光华门（小南门），只是大多数城门现在有名无实，已看不见城门的模样。修建于明朝的光华门，毁于20世纪60年代。可能是当初取意"光耀华夏"（据《嘉靖宁夏新志》）的愿望深得人心，光华门虽毁，但城门名称从明代延续至今。那么，在几百年的光阴岁月里，随着光华门的开启闭合，城墙内外又发生了一段怎样的市井故事？

城门边上，火车长鸣

　　早上8点，82岁的李忠戴着遮光的石头镜，窝在银华小康新村小区大门口一张废弃的沙发上，合着手中收音机里播放的秦腔，咿咿呀呀开始哼起来。

　　能够适应收音机里的锣鼓喧天，李忠却适应不了我们在嘈杂路边对他的询问。往小区里走了走，他才说了一句："光华门变化太大喽！"李忠记得，小时候城门就在现利民街与南薰路交叉口，出了城门，是成片的农田，一进城门，是成片的土坯房；夜

晚降临，城门落锁，城门内外也是迥然不同的景象。城门那边铁匠街（现利民街）叮叮当当，亮如白昼，城门这边却静得吓人，阵

光华门附近景况

阵蛙声和一两声奇怪的声响只会徒增人的恐惧。

城门外的静谧在1958年被一声火车的长鸣打破。1964年秋季的一天，光华门外人山人海，从没见过火车的乡下人和城里人聚集在一起，等待火车的到来。火车自西向东穿过光华门，这是银川市开通的第一条货运线。开通那天，火车在一些主要站点停靠，允许人们免费坐火车。"黑黑的火车上站满了人。火车带来的新鲜感持续了很多年。那时，见到火车，我们就想扒（土话，意为"扒火车"）。"李忠说。光华门外几个村的地界也因这条铁路有了明确的划分。通车以前，光华门周边的村子统称为光华门村，通火车后，铁路以北是光华门一队的地盘，铁路以南靠西是光华门九队，成家后的李忠就住在那里。

计划经济时代，光华门外种植的不仅仅是粮食作物，而且"根据上面下的单子，今年种白菜，明年种茄子、黄瓜、西红柿等"。那个时候，已是九队队长的李忠，从夏初一直到秋末，带领社员，将蔬菜用驴车源源不断地从城外运到城内。

突然，有那么一天，李忠记不清是自己送菜去了，还是送菜回来，光华门城门就变成了一堆废墟。虽然城门内外的阻隔没有了，但出于心理习惯，李忠还是认为这边是乡下，那边依旧是自己向往的城里生活。

城门拆了，但是城门的名字以地名的形式留了下来。现在的，银川东至现南关清真寺，西至现凤凰街，南至现宝湖路，北至南薰路都属于过去光华门范围。

从村民到市民

城门的消失除了打破城市与乡村的界限，还让城门外的人们的生活和社会角色发生了深刻的转变。

银华小康新村建于1993年，是光华门范围内盖起的第一个居民小区。可以这么说，银华小康新村是目前光华门里最老旧的一个居民小区。

银华小康新村在20世纪90年代曾风光一时。小区最初有6栋住宅楼，住的全是光华门九队的村民，家家住的都是80平方米以上的户型，家家有煤房，一楼有小院，其中还有两栋楼为上下楼的简易楼，每户居住面积达到120平

米左右。小区开发商就是原光华门九队组建的银华房地产开发公司。公司组建之初，有48个职员，全部为失地农户家年富力强的劳力。

有了银华小康新村的示范，20世纪90年代末开始陆续有大的房地产公司进驻光华门，其中最有名的就是当时实力雄厚的广夏集团。那段时期前后，仅广夏集团就在光华门一带建设了百余栋住宅楼。庄稼地被城市一步步逼到更加边缘的地方，一时间，汽车喇叭声、电锯声、水泥机的轰鸣声响彻光华门的上空。

从土房一下搬进了楼房，从农民一下变成了公司职员，让种惯了农田的李进学很长时间难以适应角色的转变，当年他40岁。很快，没有多少商住房可开发，财力和经验也都不足的银华房地产开发公司形同虚设，48个职员开始自谋出路。凭着在开发公司学的建筑维修手艺，李进学开始四处为建筑工地打工，但"始终觉得活得不踏实。"2000年，爱人也下岗了，李进学夫妻自谋出路，蹬着三轮车卖起了羊杂碎。

因为收入来源有限，几十年了，李进学都没法离开日渐破败的银华小康新村。当年和李进学一同住进楼房的村民，有本事的都搬走了。现在在那里居住的大多是来银川做生意的外地人，山东人、安徽人、河南人、新疆人居多，被称为光华门的新一代移民。在他们的脑海里，光华门只是一个开启他们梦想的地名，从来没有任何门的记忆。而对于李忠和李进学等光华门原住民来说，他们觉得，要不是记者提及，几乎也忘记了光华门当年静谧的城外景象和庄稼地的味道。

第一个城中村在此消失

没了城门和城墙阻隔的光华门,在20世纪八九十年代,遭遇了急速拥至的城市化浪潮的裹挟,逐渐成了银川市最大的城中村。城中村虽与城市相连,但它与城市明显不同。来自各地、各种社会层次的人口混杂,让光华门长时间以来给人以乱象丛生的顽固印象。

今年45岁的纳建成是原光华门村代理村长,他一家三代住在光华门,见证了城中村的变迁。在纳建成的记忆里,20世纪90年代他还在蔬菜大棚里刨食。进入新世纪,随着银川的发展,城市框架迅速拉开。新的银川一中率先进驻光华门,很快,教育地产兴起,高档小区、商业楼盘如雨后春笋般包围了光华门。

光华门占据地理优势,吸引大量打工者拥入,住房需求激增。原住民看到了巨大的商机,违章建筑如野草一般疯长,他们不顾一切加高房子,一层变三层、四层,个别胆大的甚至加高到六层,"一线

光华门旧址碑铭

天"、"楼危危"、"楼高高",成为这里特有的景观。纳建成说,光华门原住户的主要生活来源,除了靠村上经济实体的收益,更多的靠"种楼",从吃田地变为吃租金。

光华门原本只有6000多原住人口,但到了2011年年初,他们用高低参差不齐的"楼高高"承载着近6万外来人口的吃喝拉撒。长期以来,由于缺乏统一的规划和管理,城中村普遍存在人口密度过高、市政设施不足、环境卫生差等问题。

城中村呈现出的弊端引起了社会关注。从2011年5月开始,光华门作为政府整治城中村的第一站,在短短3个月时间里,光华门11个组内的所有建筑物全部被夷为平地,6万外来人口这才挥别城中村,预示着这个与城市相伴相生了30年的城中村寿终正寝。

乔建萍/文

寻找骆驼岭

得知我们在寻访银川过往的故事，一位读者向我们推荐了"骆驼岭"，当然他也只是听说银川城东北曾有个地方名为"骆驼岭"，明清时期是银川城边一处较大的番货市场。但骆驼岭具体在哪儿？为何叫骆驼岭？骆驼岭是否真的发生过他听说的那些事？如果骆驼岭真的存在，那么为何在有关介绍银川城的史书上，没有关于它的只言片语的交代？而这些也成为了我们寻找骆驼岭的最大理由。

骆驼岭在哪儿？

上海东路，新水桥处，这里的早晨似乎比旁处来得要早些。清晨6点不到，运货的大卡车、拉菜的三轮车、上班的自行车、偷偷出来营运的摩的就自东向西叫嚣着穿过此地，四散到城市的各个角落。悠闲的似乎永远是这里的老人，晨光微露时，他们扶着被漆得焕然一新的新水桥墩，扭一下腰，捶一下腿。而桥下的红花渠水早已干涸，渠里长满杂草。

新水桥过去可不是这样。20世纪90年代前，桥下可是渠水流淌，四周禾香扑鼻。渠两岸千余亩庄稼、菜地全仰仗桥下渠水的灌溉，至今，桥下还依稀有分离河水流向的水泥槽和铁闸门的痕迹。中华人民共和国成立前的几百年间，新水桥是作为红花渠自南向北流经的最后一道桥，过了这道桥，红花渠渠水便不再向北蜿蜒，因而老百姓习惯称此处为"渠梢子"（土话，意为"渠的末尾"）。

当地的老住户说，新水桥其实原名为杏水桥，宁夏著名史志专家吴忠礼也印证了这一点。他曾在著名记者范长江撰写的《中国西北角》一书中，得知至少在1936年以前，新水桥实名杏水桥，桥两岸为满春村，桥下流淌的是红花渠水，农户大量种植着罂粟花。名字的由来，吴忠礼分析，估计是水边有杏树，树下有渠水之故。古老的地名总是最贴近它最自然的风貌，几棵树、一条渠便将新水桥曾经的容颜勾画殆尽。

之所以介绍新水桥，是因为不为人知的骆驼岭就在这一带。"某种程度上，没有红花渠，没有新水桥，可能就没有骆驼岭所在。"吴忠礼说。渠水让人畜饮水、庄稼灌溉有了保证，桥也让外地商人和银川城里的通商更加便捷。而骆驼岭所在之地，在古时恰恰又是银川城东北外的一处面积很宽广的湿润之地，适于耕田

新水桥附近地貌

劳作，也有足够的土地修建屋舍，这里既便于给骆驼商队提供补给，又能提供广阔的商品交易场所，"所以在骆驼岭，也不是没有形成番货集散地的可能"。

骆驼岭不过一土堆？

满春家园，是一处沿用村名的居民小区，小区大门正对北环蔬菜果品批发市场东门，门前车来车往，川流不息，叫卖声、吆喝声此起彼伏，一声盖过一声。如果骆驼岭古时真的是个番货集散地，那么几百年前，满春家园大多数居民的老祖先们经历的也该是同样的市井繁华吧。

走进满春家园，年纪大的老人都能对骆驼岭说上一两句。83岁的陈光林原是满春村二队的农民。当记者问及骆驼岭时，他操着浓重的银川方言说："噢，骆驼岭子啊，你问那个土堆子做啥呢？"骆驼岭子在他眼里仅仅就是个土堆子？记者忙追问。他说，骆驼岭是约有一房子高的大土堆，但面积却很大，因为老人们说，骆驼岭子是国民党枪毙人的地方，上面尸骨遍布，所以陈光林从未到过骆驼岭子上面。

为何要将这么一个大土堆叫骆驼岭？陈光林瞥了记者一眼，撂了一句："年年红花渠翻出来的土，垒出了驼峰样子的土堆，老百姓就叫骆驼岭子，这有啥奇怪的。"

陈光林对骆驼岭子的话题不感兴趣，但说起骆驼岭子周围的事却津津乐道。别看骆驼岭子"不遭老百姓待见"，它的周边可是令庄稼汉眼红的肥美之地。中华人民共和国成立前，一些

国民党将领把家也安在附近。骆驼岭子、新水桥西北便是一处马福寿（马鸿逵的三伯父）的大宅院，陈光林小时候还常去院里玩："也没啥，不过就是一大院子土坯房。"20世纪70年代以前，满春村的村部就设在距离骆驼岭子东南面的一处大宅子里，据说曾经是国民党一位卢姓将领的宅院。

老陈说的这些，我们后来又在92岁的纳德祥、90岁的金玉珍口里得到了印证。纳德祥老人清楚地告诉我们："知道，就是我们村的那个大土堆子。"他还指了一下方位，我们顺势一看，所指恰恰是新水桥方向。至于更细节的东西，他就无论如何也说不出来了。

这些就是我们寻找到的骆驼岭，不管它是被史料遗忘的番货集散地，还是老百姓眼里的一个大土堆，它们就如吴忠礼所言，都是骆驼岭的传说，都是人们安放记忆的一块地方。

乔建萍/文

"铁城"洪广营今昔

"纸糊的宁夏城，铁打的洪广营。"在银川，但凡上了点年岁的人，大概都听过这句话。流传多年的顺口溜里，这座曾与宁夏城（今银川）"相提并论"的铁打城池，如今安在？近日，记者听闻有位当地的陈姓老人，多年来自发对洪广营进行研究，且制作出当年城池的复原模型，遂前往进行了探访。

铁打的洪广营

洪广营始建于距今400多年的明神宗万历三十三年（1605年），当时在此设立了游击署。清乾隆五年（1740年），被地震毁坏的洪广营重修完工，"城围

洪广营村落一隅

二里六分,高二丈四尺……"此时,巍峨壮丽的洪广城,已与平罗、石嘴子并列为宁夏北部三大兵营,驻兵近千。

令洪广营知名的不仅是重要的军事地位,明清两代,洪广营同时又是南通宁夏城、北达汝箕沟产煤区的枢纽,是西接贺兰山麓诸堡,东连黄河沿岸新户地的中心,文化经济发达。清代,在洪广营的集市上,商贾云集,晋、豫、川、陕等外地客商众多,这里的皮毛、甘草、药材等特产远销全国,享有盛誉。

洪广营的衰落,从民国时代就已开始。1924年,常信设立集市后,平罗县署决定将洪广营集市迁至常信堡,洪广营由此开始逐渐衰落。中华人民共和国成立后,随着1958年包兰铁路通车,洪广营所处的地位更显偏僻,交通闭塞,退化的命运已然注定。

更令人可惜的是,这里古迹的破坏与消亡。1933年,马鸿逵为抵挡孙殿英来犯部队,请来青海马步芳的一个骑兵团,在洪广营驻扎一月有余。驻军为修工事,将城内外所有寺庙、殿阁的牌匾、门窗等拆去使用。中华人民共和国成立后的"大跃进"时期,人们认为是破庙旧寺,维修无资,保留无用,遂悉数拆除。而曾经坚固无比的城墙,也在那几年被作为土地的"肥源",刨挖几尽。

活在传说里的城

由银川正源北街一直向北,约摸20公里的路程,就是当年那座"铁城"所在,现在它的名字叫洪广村,与喧嚣的公路相距

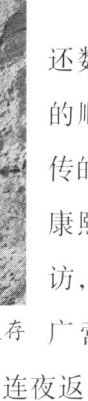

洪广营城墙遗存

不过一里。

洪广营的有名，还数那句耳熟能详的顺口溜。民间流传的故事是这样的：康熙在宁夏微服私访，一日骑驴来到洪广营时城门已关。因军纪森严，夜晚不得入内，康熙只好连夜返回宁夏城。这时的宁夏城城门自然也关着，但经婉言说通，得以开门放行。于是，康熙表扬洪广营纪律严明，而批评宁夏城军令松弛、防卫不严。顺口溜中的"纸糊的宁夏城，铁打的洪广营"，即来源于此。

正史记载，康熙来宁夏确有其事，但是不是到过洪广营，有没有封过"铁打"的称号，没有依据，也不合逻辑，只能当传说听听。

传说里"铁打"的营，如今就在脚下。站在洪广村西南角的村口向北望，还能看见一截残存的夯土墙体，长约50米。墙体一侧，是还未春播的田地，隐约泛着盐渍化的白；另一侧，是城内错落分布的低矮房舍，远观便能发现许多房屋已经荒废。

村口遇到的一位马姓村民说，现在村里只剩三四十户人家，大都是留守的老人。"年轻些的都搬了出去，再有就是到外面打工挣钱去了。"上午的阳光下，眼前的这段古老夯土墙，透着一种显而易见的冷清。

繁华与风光不再

洪广营的传说故事，当然不止"铁打"这一个。此次与我们同行的还有村里的王林，他是洪广村村部的会计，44岁。他记得小时候的城墙要比现在长得多，他和伙伴们在上面玩啊跑啊，但更久些的事儿，就得问村里的老人了。

陈产荣，正是我们想找的那位洪广城模型的制作者。16年前，从教师行业退休后，他一直在对洪广营的历史进行着自发的整理与研究。说起"模型"，陈产荣说已经是数年前的事了，而且现在已不在自己手中。因此，我们见到的只是一张他当时留底的照片。尽管如此，不甚清晰的模型图像里，当年古城的繁华与风光仍可感知。

清代，洪广城、平罗、石嘴子并列为宁夏北部三大兵营，驻兵近千，不仅有着重要的军事地位，也是南通宁夏城、北达汝箕沟产煤区的交通枢纽，是周边经济文化的一个中心地域。然而，走在如今的洪广村，擦身而过的许多房舍，已然荒废。房屋路旁，不时还会有丛生的芦苇枯黄的身影在初春的凉风里摇摆。不远处的一方土台之上，是一间新修的小型古建筑——玉皇阁。虽然簇新，但透着一种没有历史的"寒酸"。

在王林的指引下，我们向村子的另一边走去。在如今村落的东北角及东部一线，还断断续续残留着300多米的城墙。从断面来看，这些城墙当年的夯筑层相当结实细密，只是现在已如此落魄。

"这就是洪广营城墙剩下的东西了。"王林说。

"铁打"城池的没落

"这里是三教台,那是文昌宫,还有鼓楼、玉皇阁……"在陈产荣对着照片的指点之中,那些已经消失了的往事慢慢浮现。旧时繁盛时期的洪广营,不仅有着众多的古迹,市面上也是商贾云集,各种店铺、作坊应有尽有,尤以洪广营二毛裘皮享有盛誉。此外,值得一提的是,芬兰商人1926年在此创办了洪广营甘草膏公司。这家以蒸汽为动力的企业,是宁夏历史上第一家机器工厂,有着标志性的意义与开端。凡此种种,洪广营的人文积淀可谓丰厚。

当然,一切也只限于记忆。深知洪广营人文历史的陈产荣,在多年的整理和研究过程中,也曾数次与意图在此开发旅游的人接触,但每次都无果而终,甚至,还有过令他伤心的受骗经历。

"我也不想再去想这些事了。除了这几段墙,现在的洪广营也快啥都没了。"陈产荣说,语气里带着种无奈,甚至是"赌气"。"即便是这仅剩的几百米墙,也不知啥时就没了。每次知道有人想挖,我就跑过去劝,告诉他们,这样会有人来跟你打官司的……"当然,他也只能这么说说。

所在是早已清冷的洪广营。给我们作完介绍的陈产荣,背着双手向他的老房走去,微缩着肩膀的瘦削身影在长长的村庄土径上显得有些寂寞。

李振文/文

银川城记·
125

第一长街——北京路

近日,一则与道路有关的消息引起不少人的关注——2016年4月28日,银川市北京路至滨河黄河大桥延伸段将正式通车。

今日的北京路,被银川人亲切地称为"五十里长街"。此次延伸工程全长13.7公里,加上原有约26公里的路段,届时北京路的长度将达到近40公里。"五十里长街"再次大幅升级。

正如那句熟悉的"罗马不是一日建成"的谚语,我们所熟悉的这条长街,也有着它步步走来的丰富历程。

(一)

第一长街

如果将今日的银川市区图做一横向对折,其轴线会落在一条长长的街道上。它的名字叫北京路。一如它致敬首都的名称寓意,以及城市轴心的交通地位,这条街道,于银川的重要性不言而喻。

今日的北京路,西起贺兰山沿山公路,东至友爱街,宽60

米,全长约26公里,是一条东西贯穿银川市区的重要通道。自正式建成后,它不仅成为银川"第一长街",而且极大地改变着这座城市的风貌。

一路走来

然而,如果说起这条"第一长街"的前身,却远不能用"长"来形容。最初的北京路与现在的北京路相比,可以用一条条"线段"来比喻。自东向西,这些"线段"分别有过这样的名称:北环东路、北环西路、银新北路、新城东路、新城西路、西夏东路、西夏西路。甚至,因为不同时期名称的多次变更,这个名单还可以列得更长。

2003年,对北京路来说是一个必须提到的年份。这一年,这些名称纷繁的"线段",被一一拓宽、改造、联结,并统一更名为北京路,至此,一条在当时全长24.42公里的漫长街道正式形

今日的北京路

成,人称银川"五十里长街"。

前进脚步

2016年4月28日,银川市北京路至滨河黄河大桥延伸段正式通车。延伸段工程起于北京东路与友爱街交叉口附近,与滨河黄河大桥工程衔接,届时将成为银川市区通往滨河新区的快速通道,同时也将提升银川市向东连通内蒙古及沿黄河经济带交通运行的能力。北京路的重要作用愈发凸显。

(二)

从昔日的无名"牛车路",到之后的环城石子路、沥青路,再到1984年的"三块板道路"。城市的不断发展中,昔日的北京路不断升级。

解放前:城墙根下的牛车路

探究北京路的源起,得从过去银川的老城墙说起。

银川是一座历史文化名城,其古城所在(今兴庆区所辖原称"老城"范围),

20世纪30年代银川城北门之外

始于唐仪凤三年(678年)修筑的怀远新城。之后,历经宋、西夏以及元、明各代,到清乾隆六年(1741年)时,古城的规模是这样的:周围长2754丈,东西4.5里,南北3.1里(《乾隆宁夏府志》)。再往后,历经民国至中华人民共和国成立,这一格局基本未变。

据我区文史专家吴忠礼的考证,在这一古城形制中,四面城墙的方位:东面是以今银川商都东门为基准的南北一线,南面是以今南薰门城楼为基准的东西一线,西面是以今中山公园西侧保留的古城墙遗迹为基准的南北一线,北面是以今银川市实验中学大门为基准的东西一线。今天要说的北京路,即与这北城墙有关。

今年75岁的马忠,在银川出生和长大。在他儿时的记忆中,银川的城墙还是基本完整的。城墙内众多的街巷自不必说,而沿着四周城墙的外侧,也各有一条小路环绕相接。小路不知形成于何时,是旧时那种简陋的"牛车路",上面有两道经年累月碾压形成的车辙。

可以说,这条沿北城墙而生的简陋"牛车路",便是今日北京路最早的雏形。

20世纪50年代:环城而修的"石子路"

1949年之前,银川原老城的城市区域基本限定在四面城墙之内。中华人民共和国成立后,城区逐渐向外扩大,城市道路也随之拓展。这些冲出"围城"的街道,以环绕四面城墙外围的东、南、西、北四条环城路为最先形成。其中的北环城路,对应的正是今日北京东路的一段。

这条路,马忠印象深刻。1958年,17岁的他参与了这条路的修建。他们先是拉土铺设路基,铺好后,再用压路机压,最后再铺上一层砂石,筑成当时那种还算"高级"的石子路。

在马忠的记忆里,他们从今天的南薰街与民族街交会处向东开始修起,一直环绕城墙修到"小北门"(今银川市实验中学附近)一带,也就是当时的南、东、北环城路。而修建这些道路,铺设路基所用的土方,是就地取材——从城墙上刨下来,然后用推车运到离城墙二三十米外的路基上。

从早年间沿城墙根自然而生的牛车路,到比较正式的石子路,在北京路诞生的最初时日里,它与身旁这道城墙,无疑渊源深厚。

20世纪70年代:北环城路旁的"广阔天地"

进入20世纪70年代后,时称环城北路的北京路,经历过一次铺设沥青的改造。比起石子路,这在当时显然是个质的提升,但若与今日情形相比,仍然称得上"天差地别"。

今年47岁的倪方京,从出生到长大,差不多有30年的时间都生活在今北京东路附近。他儿时的记忆,正对应着这一时期的环城北路。那时,从他家房后往北穿过一片一二百米的盐碱滩,便可到达当时的北环城路。"路面只有现在北京路南边非机动车道那么宽,坑坑洼洼,车一过尘土飞扬。路北是20多米宽的污水滞留带,再往北是很大的一片在天然湖基础上开挖的鱼湖和依然存在的部分沼泽湖,一直延伸到北塔附近,那是一片属于多数像我一样的孩子们的广阔天地。"

在这片"广阔天地"里,童年的倪先生"春天去放自己糊的风筝,在芦苇中捉小鸟;夏天下小沟里摸鱼,在鱼湖里游泳;秋天进沼泽里抓蜻蜓,在沟中拉网抬鱼……"或者,"放学后到鱼湖边看书,欣赏远处的晚霞映红了天空,盘旋在鱼湖上空的鱼雕渐渐飞去……"

此情此景,置身于今日繁华喧嚣的北京路,只能用"恍若隔世"来形容了。

20世纪80年代:银川第二条"三块板路"

关于这条道路的下一个节点,我们在《银川市地名志》(1988年版)中找到了一些记载。在此书"北环路"条目下这样写道:"曾名北环城路,1984年重修,1986年更现名。"

历经1984年的这次重修,北环路变为这样的形制:自东环路(今清和街)至西环路段(今凤凰街),长为2650米,道路拓宽为34米,路面采用沥青碎石加封面砂技术,成为继凤凰街之后,银川市第二条机动、非机动、人行道分开使用的"三块板道路"。(《银川市建设志》)

这一点,在倪方京先生的记忆里也得到了印证。"上世纪80年代前期,我所在的北环路路段开始拓宽改造,逐渐填平了路北的污水滞留区,(路南)我家房后的盐碱滩也逐渐被现在的'幸福村'小区取代。到了上世纪80年代中后期,靠近北环路边的鱼湖和沼泽芦苇湖逐渐被填平,开始建起临湖一村、二村及海宝小区,路边出现了银川第一个三星级酒店——国际饭店和专项娱乐项目游乐园,城市不断向郊区延伸。"

(三)

时光前行,这条被称为"五十里长街"的道路,自建成后便成为银川市的轴心通道,改善交通的同时,也极大改变着城市的容貌。时至今日,它的长度仍在延伸,作用也愈发重要。回首它走来的足迹,看到的也是这个城市前行的步履。

"沙石小道"与连绵农田

"昨日立冬,但气候暂时回暖。我乘机外出,先从老火车站坐26路公交车到终点站,再由此向前走三站路,穿过绕城高速西段和西干渠,就是北京路最西端的西夏广场。这里也应该是银川市的最西端了……"家住银川市西夏区的张震彪,今年77岁,仍然坚持着写博客的习惯。以上一段文字,即出自他在博文中记述的一次北京路上的游历。对于这条横贯市区的长街,他有着特别的记忆。

20世纪80年代初,爱好集邮的张震彪,曾一月数次骑自行车,从西花园出发到湖滨街买新出的邮票。走的正是这条漫漫长街。

"由西夏东路过铁路道口,经新城西街、新城东街、银新北路、北环路,从进宁街南拐到湖滨街邮票公司,来回一次大约两个小时。一路上让我最兴奋的是望见唐徕渠两旁长得又粗又高的大白杨,因为见到大白杨就快过唐徕渠了,离目的地也就不远了。"

除印象深刻的白杨之外,令张震彪同样记忆犹新的,还有当时北京路的模样。如今车水马龙、高楼林立的北京路,当年还只是一条不宽的沙石小道,两边大多是农田。"站在唐徕渠桥上,向东西两边瞭望,看不到一幢高楼。后来先富起来的一些人开始在银新乡路北盖小洋楼,大多为四五层。"

从最西端的西夏路说起

"花开两朵,各表一枝",这是旧时说书人的习惯用语。对于北京路这样一条有着丰富经历的漫长街道,似乎也得用上这个办法。

如前文张震彪先生的回忆,"由西夏东路过铁路道口,经新城西街、新城东街、银新北路……"事实上,这些根本没出现

"北京"字样的道路名称,确实都是北京路。

先说最西端的西夏路,这条始修于1960年的道路,原名纬六路,与今

20世纪90年代的银川西夏路(今北京西路)

20世纪80年代的银川新城西街（今北京中路）

同属北京路的原北环城路,虽然东西遥望,却也属同一时期城市拓展的硕果。其后,此路陆续向西延伸,直至与贺兰山下的公路相接;而向东,则与新城街相接。

新城街,始筑于1959年,亦属与西夏路、北环城路同一时期诞生的道路。由新城街再向西,当时与之衔接的是银新北路。这是一条比前面几条路年轻些的路,始筑于1978年。其东端亦同时修建了唐徕渠桥（今中房桥）,这样便与当时的北环路打通,为缓解当时市区三区（旧城区、新城区、新市区）之间的交通压力起到了至关重要的作用。

一番有些枯燥的路况概述,对应着张震彪先生当年的骑行之旅。原先他所经过的一条条零散"线段",正是今日北京路的一路走来,也正因为有了它们的修建与联结,才有了今日这条绵延长街。

"第一长街"的正式诞生

这一联结,最终发生在2003年,而它的"前奏",在此之前已经快节拍地响起。

倪方京清晰地记得,20世纪90年代开始,北环路两边快速地变化着。"原先的鱼湖和沼泽湖已不存在了,取而代之是建设中的住宅小区和写字楼,北环路的名称也在1997年改为了上海路。""2000年之后,道路两边的建设进入了大发展期,原先零星存在的平房、空地已完全没有了。"

2003年,一桩"高楼平移"事件让银川人印象深刻。这座位于原银新北路的楼宇,被称作"小白楼",高9层,在当时整体建筑都比较矮化的情况下,称得上引人注目。当年,出于道路拓宽的需要,这座楼房被整体平移38米,创下了我区乃至全国整楼移动的新纪录。

轰动一时的平移,对应的也正是这一年北京路的大规模改造。至2003年8月18日,北京路改造工程正式竣工通车。新建成的北京路宽60米,双向8车道。同时,原西夏路、新城路、新银路(银新北路)、上海路(北环路)更名统称为北京路,其长度西

2003年,北京路改造工程竣工通车

起贺兰山沿山公路,东至丽景街,计24.42公里,成为当仁不让的"银川第一长街"。

然而,这"长街"的脚步并未止息,之后它继续向东穿过了丽景街、友爱街。时至今日,它将再度向东延伸。北京路,带给人们的将是更多的期许。

北京路纪事

◆ 1958年,北环城路修建,东起今清和街,西至今凤凰街。

◆ 1959年,新城街修建,旧名新城大街。

◆ 1960年,西夏路修建,原名纬六路。

◆ 1974年,银新北路修建,东起北环路、凤凰街交会路口,西接新城东街。

◆ 1984年,北环城路重修,道路拓宽为34米。

◆ 1988年,对西夏路进行拓宽改造。

◆ 1996年,对银新北路进行改扩建工程,使之成为一条机动与非机动车分离的"三块板"结构道路。

◆ 1997年,北环路改名上海路,1999年投资1500万元的北环路改扩建工程竣工。

◆ 2001年,银新北路更名为新银路。

◆ 2003年,北京路进行改造,拓宽为60米,双向8车道;同时,将原西夏路、新城街、新银路、上海路(北环路)更名统称为北京路,全长24.42公里。

李振文/文

柳暗水明西门桥

《乾隆宁夏府志》附图中,有一幅《贺兰山图》。图的大部篇幅,描绘了贺兰山绝壁千仞、绵延百里的雄壮。图的右下角,是宁夏府城西垣。山与城之间,蜿蜒的"唐渠"斜穿其中,"唐渠桥"木栏厚重,古柳树枝叶繁茂;北依"龙王庙"庇佑千年,南临"土塔寺"香烟永续。《乾隆宁夏府志·堡寨(桥梁津渡)》写道:"西门桥,在城西门外。"可见,图中的"唐渠桥"就是"西门桥",其位置就在今银川西关清真寺南步行桥处。

宁夏古城的西部门户

《乾隆宁夏府志·古迹》称:"怀远故城,今府城。唐仪凤二年为河水泛损,三年更筑新城。"怀远"新城",即清代银川老城所在。1300多年来,历经数个朝代,银川城的位置没有变化,作为城西重要通道的西门桥,也在数度嬗变中更加雍容绮丽。

1002年,西迁的党项族攻占灵州。"史载1017年'夏六月,有龙见于温泉山(今暖泉西),山在怀远镇北。德明以为瑞,于是有迁都之意。'1020年,李德明将怀远镇,改为兴州。1033年,元

昊升兴州为府,称兴庆。1038年,元昊称帝,定都兴庆府。"(《宁夏通志》)

西夏都城地位的确定,逐渐形成了以兴庆府为中心的交通网络。当时,"贺兰山东麓道,从克危山(今石嘴山)经峡口(青铜峡),沿贺兰山东麓形成交通大道。由这条大道西渡贺兰,又有九条谷道。"(《西夏纪事本末·西夏地形图》)出兴庆府西门,过西门桥,上贺兰山东麓大道,经克夷门(今三关口)或其他"谷道"穿越贺兰山,可达"右厢朝顺军司"、"白马强镇军司",直至"黑水镇燕军司"、"黑山威福军司"这些西夏军事重镇。当然,西夏帝王祭祀先祖、避暑离宫、狩猎贺兰山,走的也是经西门桥这条大道。当时的兴庆府西门桥头,真是"车辚辚,马萧萧",龙车凤辇接踵,行人游客摩肩。

明代,宁夏卫投入大量人力物力修筑东西边墙,摆兵堡寨烽堠,西门桥成为运送兵马辎重的重要通道。

宁夏八景之西桥柳色

到了清朝,宁夏府城之西,修筑了一座新城——满营。新旧两城相距15里,一座管理民事,一座经营武备,西门桥则是连接宁夏府城与新满城间的纽带。由是,西门桥一带更加欣欣向荣。

至乾隆年间,官方改定"朔方八景","西桥柳色"入选,以其替代明八景之"官桥柳色"。《乾隆宁夏府志·名胜》记曰:"西桥柳色,唐渠过郡郭西,穹桥架其上,满汉通途也。桥北为龙王庙,庙西板屋数椽,面山临流,风廊水槛,夹岸柳影襂毵(san),来往轮蹄络绎其间,望之入绘。旧志八景有'官桥柳色',以今准昔,殆此胜于彼矣。"

清代宁夏人许德溥《西桥柳色》诗赞:"渠畔龙宫枕大堤,春风夹岸柳梢齐。羊肠白道穿云出,雁齿红桥亚水低。沽酒清阴时系马,招凉短槛几留题。更添蜡屐游山兴,为问平湖西复西。"乾隆时期的西门桥头,柳阵绵延十里,朝夕云雾缭绕,幽夐恬静;羊驼出没林间,如肠小道叠现,田园之风;游人络绎不绝,系马林荫深处,兰亭酒酣;桥头车马喧腾,渠西平湖相连,江南水韵……那时的西门桥,桥红柳绿,庙古寺雄,确是踏青沽酒的好去处,以"西桥柳色"取代"官桥柳色"也就顺理成章了。

土塔寺与龙王庙

"西桥柳色"的迷人之处,除了如虹跨水的红桥、夹岸数里的绿柳,还有掩映于绿荫中的龙王庙、塔寺齐晖的佛教名刹土塔寺。

《贺兰山图》所绘土塔寺,只见一座与北京北海白塔相像的覆钵式喇嘛教佛塔,矗立于唐徕渠畔,与北郊的海宝塔南北交辉。而那庞大的殿堂,却掩于翠荫之中。土塔寺建于明正统年间,直至清前期,都是银川城外一所大型喇嘛教寺院。那时,每年"四月孟夏八日,西门外土塔寺'洗泼会'(浴佛节),老幼男女晋香游观,有逾东岳"(《朔方道志》)。其间,寺院周边还有物资交流,可谓盛况空前。顺治年间,奉天人黄图安巡抚宁夏,续题宁夏八景,"土塔名刹"名扬其中。入选辞曰:土塔寺"即龙兴寺,在西门外唐徕渠下。台阁高敞,远眺贺兰,俯临流水,与黑宝(海宝塔)相辉映焉"。原来,这土塔寺也与龙有关,因龙而兴,守望古渠,泽被百姓。乾隆三年宁夏地震,土塔寺毁,后世只改建殿宇,而"土塔"之名仍在坊间流传。今兴庆区回民实验小学校园,原是一座寺庙,从地理位置分析,该是明清土塔寺旧址。

龙王,是中国神话中兴云播雨、掌管水族的首领。古人认为"天下黄河富宁夏",得益于龙王爷的偏爱。宁夏境内每一所城堡,每一湾河泉,都会修建有龙王庙,供奉龙王爷,以世代感恩龙王,感恩黄河。说来也奇异,华夏各地的龙王庙,皆供奉一尊龙神,而宁夏的龙王庙里,却都供奉三尊龙神,曰"莎罗模",曰"祈答剌模",曰"失哈剌模"。史志上说,这是"宁夏河渠之专祀"。清时,每年立夏日开口放水,龙王庙都要设祭,既要供奉猪羊等生鲜,又要唱大戏耍社火,隆重而又热闹,气氛不亚于过年。到中华人民共和国成立初,龙王庙还驻守过部队,后被拆毁。现在,步行桥东北那片开阔地,就是龙王庙旧址。

郑济洧/文

西门桥的故事

2009年，冬。即使是在寒冷季节，站在西门桥头聒噪的施工现场，你仍会感受得到唐徕渠带给两岸居民的那份难得的轻松惬意。在西门桥的地下通道里，放学回家的孩子在自由地嬉戏打闹，行人步履匆匆穿桥而过。走出通道口向北望去，西门桥安静祥和，默默地注视着那座与它同名的桥以及它们共处的这座城市中发生的一切。

78岁的康大爷退休后，儿子给他买了一套长城花园的房子。每天康大爷都要在唐徕渠边溜达两圈，早上去桥头的早市买些早点和菜给老伴带回去，下午一般会约上几个牌友，在渠边打打扑克、唠唠家常，晚年的生活过得一点儿也不寂寞。当问及西门桥改造对他的生活有无影响时，老人说："没啥影响，不过桥早该修了，一大早桥就堵得不行。"在西门桥西南侧，几个正在锻炼的老人不停地问："桥啥时能修好？ 新修的桥是否有大的变化？"

作为银川市的一个地标性建筑，西门桥的每一次改造都会成为银川市民的热门话题，都会牵动一批银川人的目光与思绪。

此西门桥非彼西门桥

自 2009 年 11 月 24 日西门桥改造工程破土动工以来,和西门桥有关的一切似乎就成了许多市民津津乐道的话题。在大多数老银川人的眼里,这座正在改造中的桥一直被称作西门桥,但是,他们或许并不知道,历史上真正的西门桥其实指的是另外一座桥。

我们暂且在这里将它们区分为老西门桥和西门桥。

老西门桥位于现在的西门桥向北 200 米处,木制结构,7 孔,长约 32 米,桥面彩砖镶铺,两侧玉栏贴身。中孔南侧桥额上,自右向左书写着"唐徕渠西门桥"6 个行草大字,大字下方刻着"公元一九五五年四月"。

54 年的历史,对于一座桥而言算不上悠远。但是这座老西门桥的由来,却可以凭借史料追溯至明清、西夏时期,乃至更远。据《嘉靖宁夏新志》记载:"贺兰桥,在古城西,唐徕渠上。"文中的贺兰桥,指的就是老西门桥。据对宁夏地名颇有研究的老银川人郑济洧先生推断,老西门桥的历史可以据此追溯到隋唐时期,因为西夏国设都地址恰恰就是隋唐时就已建成的怀远城。城外有渠,城外必设桥,这应该是个不需要验证的经验。所以,郑济洧先生大胆推断:"自从有了唐徕渠,便有了老西门桥。"

现在的老西门桥已经失去了历史上防御、运输,甚至是地理分界的意义,完全变成了一座步行桥或者说景观桥。在寂寥的冬日,桥上偶尔走过放学的孩子、散步的老人。而不远处,取代它的那座桥——西门桥,即使是在改造时期限制了交通,也依旧是车水马龙,人流如织。

的确,如今西门桥已成为连接解放街和黄河路的交通要道,在这座欣欣向荣发展的城市中发挥着极其重要的作用。

全民义务修建西门桥

现在的西门桥修建于1958年,是一座混凝土建筑的桥梁,其桥基为木头桩。

1958年,为了建立一条连通解放街、横跨唐徕渠的笔直道路,政府特别将桥修建于现在的桥址处。当时,该处还是大片的湖泊湿地,为了填充这块湿地,银川市几乎所有党政机关、企事业单位、学校工作人员和学生都义务投入到了这项劳动当中。

提起当年的情景,郑济洧先生仍记忆犹新。"1958年,我刚上高中,学校组织我们修西门桥北侧的银新南路(现黄河路),当时没有什么大型的挖掘设备,全凭人工挖、人力背、人工夯实。可以这么说,最初的银新南路是银川人用芨芨草编的那种担子挑塘泥挑出来的。我记得西门桥和银新南路是同时开工建设的,听施工的技术人员对我们讲,只要西门桥和银新路修好了,新城(现金凤区)就会通上公交车,这对于我来说,可是个天大的好消息。因为我家在新城,我却在银川一中读书,每天花费在路上的时间实在是太多了。"

相当长的一段时间里,西门桥约定俗成地成为银川市城乡的一个分界点。20世纪90年代中期之前,过了西门桥往西,柏油路就成了土路，人们就从城里到了市郊。

联结银川，见证银川

虽然实行了交通管制，开着私家车的王女士每天仍习惯经西门桥上下班，当问及缘由时，她不好意思地说："习惯了，在这条路上都走了七八年了，有的时候，不知不觉就开到这里了。"而王女士的行车习惯在某种程度上也说明了西门桥在银川城市交通运输中举足轻重的地位。半个世纪以来，随着城市交通的快速发展，西门桥所承载的交通压力也与日剧增。

曾参与银川市发改委组织的西门桥改造或重建工程的宁夏著名桥梁专家盛庚说："目前的西门桥是座危桥，难堪重负，必须重建。"盛庚介绍，目前西门桥存在着桥桩裂缝、负荷严重超标、服务年限过期三大安全隐患。另外，记者也从相关部门了解到，西门桥的木头桩在1984年就被发现有裂缝，加固后，1987年又出现裂缝，1998年又进行了第三次加固，现在桥墩外围的水泥是后来加固时抹上去的。1958年，设计西门桥承载力和汽车荷载量时，标准等级比较低，原来设计西门桥一昼夜可通行汽车几百辆，而现在每天从西门桥经过的汽车多达5000多辆，其中还不乏重车、超载车。由于以上种种原因，便有了今天西门桥改造工程的破土动工。

可以说，在半个世纪的城市发展中，西门桥始终都像个沉默的使者，传递着桥两岸百姓生活的信息。现如今，西门桥除了一如既往地扮演它交通运输的重要角色外，还成为兴庆区和金凤区区划的地标性建筑。但和以往城郊界线不同的是,桥两岸百姓的生活早已没了丝毫的分别。

"1960年通了1路车,终点站是火车站,每天我都坐1路公交车去新城上班。当时一过西门桥,银新路两边仍是大片的湖泊,湖里有大片的芦苇,后来这片芦苇地变成了农田,陆续有了房屋、人家。上世纪八九十年代的时候,街道两边出现了先富起来的农民盖的小洋楼,现在代替这些小洋楼的是高档住宅区、高新技术产业开发区。50年的变化太大了! 可以这样说,西门桥见证了银川一点一滴的发展变化。"住在工商银行家属院的刘先生和西门桥一样,也亲历了家乡每一处细节的变化。

乔建萍/文

玉泉营访古

一般情况下,地名都会有自己的源头。以银川市永宁县县境西部的玉泉营农场,以及闽宁镇开发过程中曾有过的玉泉营开发区、玉营村,还有青铜峡邵岗镇玉泉村……这些地名为例,它们的源头均指向"玉泉营"这样一个富有古意的名称。那么玉泉营是什么?玉泉营在哪里?记者前往进行了探访。

古城址只剩残垣

在今天与永宁县西部接壤的青铜峡邵岗镇境内,有一处名为东方红的村落。在这个村落的西侧不远处,坐落着一处古城遗址,一段残存的城墙上立着一方文物保护石碑,上刻"玉泉营古城堡遗址"。关于玉泉营的故事,就从这里讲起。

古城遗址为土夯构筑,已相当破败,仅余北边和西边的断续残垣。北边一段最高处目测有4米多点,至于西边的一段更是落魄,只剩远观像小土丘一样的凸起。

残破的古城遗址内,住着一位姓张的老人,几处院落有像古城一样破旧潦倒的,也有后起较新的房舍,显然是不同时期

陆续修建的。老人说他是 20 年前从陕北过来的，来时城墙就基本上是这样了。如今，像这户人家新起的房

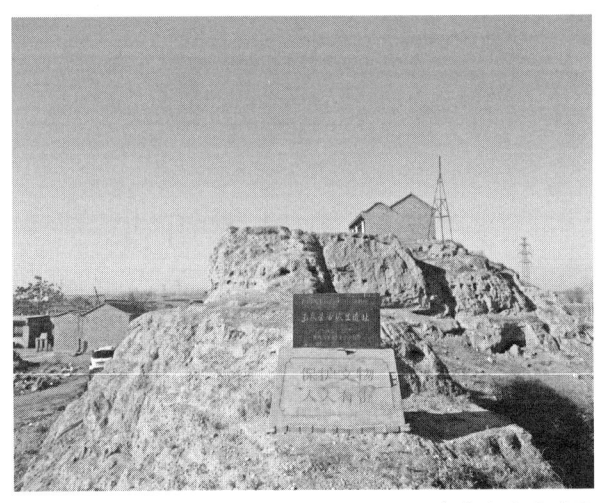

玉泉营古城墙遗迹

舍一样，村民在古城内也修了一些较新的建筑，如"玉皇殿"、"娘娘殿"，但简陋粗糙，意韵全无。

古城遗址东侧不远处，就是现在的东方红村，再往东还有个与古城名称相同的玉泉村。在距公路较近的一户东方红村村民家，我们遇到了一位姓党的老人，他是本地土生土长的村民，今年77岁。据他介绍，东方红村是中华人民共和国成立后才有的地名，早前这一带都叫玉泉营。老人说，在他小时候，这座城还比较完整，为方形，城墙有七八米高，上宽三四米，"可以跑马车"。

细察如今西边那段轮廓已不明显的城墙，它的脉络要一直跨过遗址一旁的叶北公路，向南于农田中延伸。也就是说，现在的叶北公路其实是东西向穿古城而过的，可见，当年这城池也确实有着不小的规模。

从历史深处走来

一份青铜峡市的文学刊物《古峡文学》对这座古城有着片断记录,可与现场所见及老人的回忆相互比对、印证一下:"(玉泉营)营城遗址尚存,南北长337米,东西长500米,残墙高9米,城有东门、南门、四角有墩。"(刘瑛《邵岗:让人魂牵梦萦的地方》,《古峡文学》2009年第4期)

关于玉泉营,史料中是有记载的。明代,以至之前,宁夏属边塞,是战事多发地带。明代军事建制中有每营3000多人的营哨制,这种建制一直延续到了清代。在玉泉营,险峻的贺兰山至此山势向西逐渐平缓,和南边不远的牛首山形成犄角之势,玉泉营正处于两山缺口处。正因其独特的地理位置,玉泉营成为古时的驻军要地,也是宁夏境内的主战场之一。

从历史沿革来说,明弘治年间,玉泉营驻有官军,设官军仓场。清嘉靖年间,属南路邵岗堡。明万历十五年(1587年)筑城,周回3里,址在唐徕渠西,设守备、游击,为南路玉泉营。东至黄河15公里,南至广武营分守岭30公里,西至贺兰山15公里,北至宁夏省城45公里。

明洪武年间,玉泉营所属关墩12座。清乾隆年间,玉泉营所属关墩101座,并有营汛17处、内地塘汛17处,由玉泉营拨军瞭望。民国初年,清兵制取消,宁夏总镇改设护军使。民国10年(1921年),又改镇守使,玉泉营便成为民居的堡寨。

游击将军智擒群贼

有历史，自然就会有人物。事实上，仅就玉泉营古城而言，与之有过渊源与交集的知名历史人物就有不少。诸如，宁夏参将萧如薰平定哱拜、刘东旸造反，曹雄数次镇压宁夏兵变，以及颇具传奇性的"仇钺智擒群贼"。

《明史·列传》记载，明正德五年（1510年），宁夏发生了一件震惊全国的大事——安化王朱寘鐇发动兵变，史称"安化之乱"。这年四月五日，安化王朱寘鐇以为新任镇守太监李增接风为名，宴请宁夏城内众高官要员，然后待酒宴正酣时，杀于座上。次日，朱寘鐇"即位"，作檄文历数正德皇帝宠信宦官刘瑾罪状，打出"今举义兵，清除君侧"的旗号，扬言出兵京城。

事件发生后，灵州守备史镛及宁夏副总兵杨英，决意抗拒兵乱。与此同时，驻扎于玉泉营的游击将军仇钺，听闻兵变消息，想到妻儿尚在宁夏城中，恐被屠灭，便率兵入城，拜见安化王朱寘鐇，然后归卧家中称病。

另一边，决意平叛的史镛与杨英经过一番谋划，派密探与"诈降"的仇钺取得联系，约定里应外合合击叛军。仇钺诈降后一直称病在家，却暗地招纳壮士结集。叛军将领何锦前来探视，仇钺建议应派兵把守包括黄河的多处渡口，勿使"敌军"渡河。何锦采纳建议，领兵出城，于是宁夏城防务变得空虚。

几日后，安化王要出城祭祀社稷，而后挥军东进。仇钺称病，不愿陪同。安化王又命将领周昂去探视，仇钺卧床呻吟，埋伏于房中的士卒遂趁机槌杀周昂。仇钺此时也一跃而起，迅速披挂,率壮士百余人,直奔王府,将安化王生擒,并假传王令,召出征的何锦等人归城。途中,何锦部众得知安化王被捕,相继溃散。何锦逃往贺兰山,次日被捕获。一场兵变叛乱,至此得以迅速平息。

流淌在传说里的"玉泉"

传奇的历史故事之外,玉泉营的得名似乎也同样充满着传奇。在成书于清代的《银川小志》和《乾隆宁夏府志》中,均有一段简短的记载:"在府南一百里,近贺兰山灵武口,有水涌出,流入玉泉池,玉泉营以此得名。"

走访今日古城,古昊王渠和唐徕渠自南向北流过,玉泉营地处两水之间,其遗址四周广布农田。据党姓老人回忆,自他记事起(20世纪40年代)至中华人共和国成立后相当长一段时间,城周围还都是荒山坡和干旱的沙石土质,没有庄稼地。"如今的田,都是上世纪70年代末后才开垦的。"

《银川小志》也记载了一段传说,大意是宁夏的庆靖王朱栴有次在峡口(今青铜峡市峡口镇一带)临时驻扎,晚上做了一个梦,梦见来到一处名叫"娑罗模龙神祠"的地方,受到祠内神灵仙子的接待。第二天,他问当地人,被告之:距此向西90里,有娑罗模山。下有三泉,涌出池中,莹绿澄清,其深叵测。

据对此有过研究的作家王永军考证,这些有关玉泉及娑罗模山神祠的记载虽属传说,但给人们提供了认识古时此地地理风貌的佐证。即宁夏古时一直处于战争状态,自然环境恶劣,干旱少雨。于是人们大量修建祈雨寺庙，敬奉水神龙王，祈求能过上风调雨顺的日子。

张钟和、许怀然校注版《银川小志》中说，娑罗模山在今玉泉营农场境内。但经考证，娑罗模山应该是今天的大、小柳木高山，在今青铜峡市与永宁县接壤处，而传说中的玉泉则在柳木高山的南边。

据党姓老人回忆，古城城内及周边，并未听说过有泉。王永军也做过泉水何在的调查走访，除了史料及传说中的片断记载，现实中还未寻到。

奇妙的古今呼应

就玉泉营遗址——今天所在的青铜峡邵岗镇来说，境内及附近古迹众多。西汉初年，汉武帝收复河套地区，在邵岗境内设置了灵武县。鲁人勇、吴忠礼、徐庄所著《宁夏历史地理考》以大量史料佐证"灵武县，治（南）典农城，在今青铜峡市邵岗堡西"。

位于今邵岗境内的大、小柳木高山，东距明长城约4公里，有明代所建大柳木高山烽火墩。至于附近的干城子营，则是明代戍守长城官兵驻扎的一座兵营……此外，近年来，在这一带频频发现的唐代墓葬、西夏墓群等，也一起印证着这片土地在历史上的丰富过往。

在党姓老人的讲述里，他儿时，玉泉营古城内还保留着过去建的好多庙宇，玉皇庙、城隍庙、娘娘庙……规模有大有小，青砖砌盖。后来,除了庙宇荒弃,城内长满近一人高的芨芨草,"因为害怕,我们不敢进去玩"。史料也可印证,明清时,玉泉营建有众多寺庙,香火旺盛,是当地人同蒙古人商贸交易的地方,繁华一时。

走在今日残破的玉泉营古城,脚下不时有散落的残砖断瓦,形制古朴,依稀可想当年风采。党姓老人的回忆中,20世纪60年代,坚实的夯土城墙被陆续推倒、挖去,只留下如今的遗迹。远去的历史,扑朔迷离的"玉泉"所在……古城留给人们的,除了可供瞻仰的遗迹、动人的故事与传说,就只剩下那些散落四周、来自时光深处的一个个古意地名了。

如今的宁夏玉泉营一带,因得天独厚的自然条件,已成为世界上少有的酿酒葡萄最佳生态区之一。昔日的地名之源尚须考寻,但葡萄、美酒的今日之景,却与这一古称遥相呼应,是巧合,或者也是缘分。

李振文/文

珠市巷:富贵之名缘何来

如果要在银川的众多街巷中,选一个最具富贵气质的名称,珠市巷大概是最有把握入选的。

1

由解放东街绿洲饭店东侧的巷口进入,转过两道直角的弯,然后一直向北,通到文化西街,总共200米左右的距离,这就是今日的珠市巷。如今,在这条老巷子里,除了南段巷口有几处旧平房外,其余的段落仍称得上"高档"。两旁,除了一两座较普通的居民楼,其余皆为筑有围墙的二层独门小院,匀称地分布在小巷及再向两边伸展出的更小的支巷里,在四周嘈杂的闹市氛围里,保持着一份难得的幽静与雅致。

小巷为何叫珠市巷?如今问巷子里的居民,已很少有人能说清楚的了。比较多的一种说法,其实就是我们看到这个名字的第一反应:与珠宝有关——"大概这里以前是卖珠宝首饰的地方吧……"

在辞典里翻寻"珠市"的词条,释义也多与此有关。如南朝

梁任昉《述异记》卷上："合浦有珠市。"清代屈大均著《广东新语·地语·四市》云："东粤有四市：……一曰珠市，在廉州城西卖鱼桥畔。"它们的涵义指向：买卖珍珠的集市。

珠市巷之名，果真与此有关吗？在宁夏文史专家吴忠礼的考证中，事实完全迥异。而且由这条小巷所牵涉出的一段历史，甚至与银川整座城市的变迁有着很大的联系。

2

元朝末年，时局动荡，镇守宁夏的地方官因兵力不足，无力固守整座偌大的宁夏城（今银川），于是就将城池的西半部放弃，将西城墙向东移建，位置约在今进宁北街东侧，试图以有限的兵力，坚守宁夏城的东半个城，而被放弃的西半城则变成了城外的荒地。

时间进入明代,地方官决定将"缩水"的宁夏城恢复至前,于是又开始重建西半城。恢复的西半城东西走向的中心街道,时称新西门大街。在这条新辟街道的两旁荒地上,虽然陆续修建了郡王府、官署、庙宇等一些建筑,同时也有一些居民移迁到西城居住,但仍有大片闲置空地。为了充分利用这些空地,当局便在西城西北角修建了一个大型养马场,时称"西马营",又在西南角修建了一个供应军马的草料场,同时还把位于城中部的废西门西北部的一大片空地(相当于今老干部局、绿洲饭店附近一带区域)开辟为活畜交易市场,专门买卖活体猪羊,称为猪羊市。也因为这个原因,当时百姓也就把新西门大街靠近猪羊市的这段街道俗称为猪市街。

3

清朝以后,宁夏府城人口增多,土地需求量增加,再加上市容的关系,决定将位于市中心地带的这个市场撤销,活羊交易改移到羊市街(在今玉皇阁南街与朝阳巷以东的一片空地),而生猪交易则迁到城外,放在南关(今胜利街北端附近)。市场迁走了,相关地名却保留了下来,一直到民国初期都没有改变。在民国初期编修的《朔方道志》书中仍可见"猪市大街"的称谓,而在宁夏城图中仍把西大街中段标明为"猪市大街"。

到了民国后期,查阅当时绘制的"宁夏省城全图","猪市"的名称在这片区域已消失不见,取而代之的是"珠市巷"这一字眼。究其原因,很可能是因为原有名称不雅,故依音改为新名。

从"猪市"到"珠市",无疑是一个巧妙的转换。借助网络搜索,这样的例子其实并不鲜见,比较知名的北京珠市口,其来历据考证也是源于旧时这里是买卖生猪的交易市场——"猪市口"。类似的还有四川成都、江苏淮安的"珠市街",据说也是这样的源头。从"猪市"到"珠市",从"烟火市俗"到"闪闪发光",如果这些异曲同工的说法均确凿成立,它们所映照的也正是地名于时光中的趣妙以及一座城市从历史深处款款走来的生动履痕。

李振文/文

昔日"铁街"——利民街

在银川市民族南街和凤凰南街之间,有一条南北走向的长街——利民街。由北向南,自解放西街始,穿过新华街、南薰街、长城路,至凤凰南街止,总长2.2公里。虽非今日城市的交通主干道街,却也绵延伸展、市井繁华。

市井古街

如果追溯,这条街伸展着的当然不仅是长度。利民街,是银川的一条古街道。元末,时局动荡,镇守宁夏的地方官因兵力不足,无力固守整个宁夏城(今银川),于是就将城池的西半部放弃,将西城墙向东移建,位置约在今进宁北街东侧。

这一境况持续至明正统年间(1436—1449年),宁夏城又扩展至前,西半城得以重建,西城门随之向西移至今凤凰碑处,西城亦新增光化门(小南门)和振武门(小北门),利民街就是彼时新增的光化门内大街,又称小南门街。

清代,这条街道有了一个非常"硬气"的名字——铁局街。原因也好理解,当时在这条街上手工业铁匠炉比较集中,也被

当时人俗称为铁匠街。

  铁匠街,这充满市井气息的名称,自然相当接地气。不过,这条街在清代也是有过"高大上"的插曲的:其一,街上曾有过著名牌坊一座,上有康熙皇帝御笔亲书"云林幽"三字,是为了表彰宁夏武状元、时任山西大同镇总兵官张文焕之父、诰封荣禄大夫的张应斌而立;其二,在这条街的北口西侧,在清代曾是银川书院(后迁至文化街原文庙西侧)旧址,所以街口一段又曾被称为书院街和书院街口。

铁匠往事

  阔气的牌坊、书香的街口,毕竟只是远去的插曲,铁匠行当才是它最持久的底色。银川的叶建功先生曾整理过一个叫鲍顺文的老人的回忆,对20世纪三四十年代这条街道的情况有着生动的描述。

昔日的铁匠街长约1公里,宽约6米,有房舍处约600米。北起西大街(解放西街),南止小南门,街上依次排列的铁匠铺占整条街的一半多。这些铁匠铺,全都将铁匠炉砌在作坊门外,从街道两边看去,先是连绵的铁匠炉,后面是连续的铁匠作坊。铁匠铺一字摆开,都不挂招牌,做生意凭面孔和位置记住店家。

每日清晨起,铁匠街上的各家铁匠炉生火打铁,炉火熊熊,铁锤阵阵。铁匠铺产品各有侧重,有打制农具的,如镰刀、锄头、铡草刀;有制作生活用具的,如菜刀、炒勺、饭铲;有生产车马挽具的,如木头车轮轴头、外轮箍铁件、连接件等;还有建筑构件、寺庙用具等。

长期的市场竞争,铁匠铺的匠人普遍身手不凡,产品精良。有一则轶闻是:1942年苏联人开一辆吉普车去延安,返程沿途考察到银川,汽车底盘处断裂了,束手无策,急得团团转,这时有人推荐去铁匠街找个好师傅想想办法。最后,找来的铁匠师傅打制了严丝合缝的铁箍、铆钉,硬是用"土办法"圆满地解决了"高科技"问题。

利民之地

"铁街",也不全是铁和坚硬。走在今日利民街的中段,街道东侧有一个名叫"陶瓷小区"的居民区,相对应的还有它一旁呈"┐"形的窄窄小巷——陶瓷巷。其来由即因昔日这里曾是一处烧制粗陶器的窑场,民众俗称此地为"砂锅窑",后进行改造时,正式命名为陶瓷巷。

此外,据老市民回忆,铁匠街的南端曾是老银川一个主要的柴草交易市场。昔日的银川,柴草是居民的生活必需品。银川周边湖泊众多,盛产芦苇、蒲草。冬季湖面结冰,农民割取苇草用牛车运回;夏秋农民将麦草、稻草一车车拉来。于是,市场终年柴草如山。柴草市场供需两旺,整日熙熙攘攘,由此也带动了周边小饭铺、小手工作坊红火的生意。

或许也正因此,"软硬通吃"的铁匠街,一直为银川人提供着生产和生活上必不可少的工具与用品,是名副其实的便民、利民一条街,直到1947年,这条街道正式改名为利民街,一直沿用至今,也当真是实至名归。

李振文/文

米粮往事——民生巷

昔日红火米粮市

民国初年,银川的米粮集市位于鼓楼附近。清晨,天才微微亮,银川城几道厚实的城门便在吱丫作响中同时打开。赶早粜粮的农民,驴驮肩挑,从这些城门陆续走入,一起涌向市中心的米粮市。

在那里,沿街两侧已经摆好供粮农粜粮用的长条形木

今日民生巷

斗,自鼓楼向西一直延伸至财神牌楼(今民生巷与解放街交会处)。不多时,街上已满是行人,喧嚣声、叫卖声、讨价还价声、计称碰撞声响成一片,一派红火热闹……

民国时期,作为宁夏省会的银川,亦称省垣。城内居住人口3.5万余人,是一个消费比较集中的西北小城。它与吴忠堡(今吴忠市)同为当时宁夏省两处最大的粮食消费集散转运市场。1928年,门致中就任宁夏省主席,将粮食集市移至财神牌楼北侧一巷,该巷也随之被称作米粮市,即今日之民生巷。

斗,中国人称量粮食的传统器具。米粮市,最多的自然是"斗行"。在今天的民生巷北口,仍有一家经营烟酒零食的"傅家斗商行",老板傅涛就是"傅家斗"的传人。那时,米粮市专门经营粮食的斗行有徐家斗、傅家斗、董家斗等10家斗行。徐家斗排第一,傅家斗排名第二。

"十大斗行"汇聚一巷,它们一般前店后场,兼营粮食深加工作坊(磨坊、碾坊、粉坊、油坊、烧坊、醋坊等),而且专卖宁夏小吃的铺子在此巷也比较集中。于是,巷内米行、饭馆连排,每天粜粮户云集,是旧时银川城内一处颇为热闹的集市。

今时大街变小巷

再往前追溯米粮市这片区域,也是有着不少历史的。细观明代宁夏城图,这片区域为"左、右屯仓"所在。而《乾隆宁夏府志》中的"府城图",这里为"县仓"的处所。仓,古时一般指收藏谷物粮食的地方。看来米粮市的形成,也并非没有渊源。

米粮市名称的一次大的变迁发生在1942年。

20世纪三四十年代,蒋介石多次来宁夏巡视,马鸿逵也因此大规模整修街道,并按照蒋当时所提倡的"新生活运动"内容——礼义廉耻、民族复兴、忠孝仁爱、信义和平和孙中山先生的"三民主义"(民族、民权、民生)以及儒家传统的伦理道德规范精神,对银川的街巷进行了一番重新整理和命名。也就是在这一时段,1942年,取"三民主义"之义,米粮市被更名为民生街(另有由原先"王元大街"改称的民权街、民族街,即今民族南、北街)。

粮食,自然是首要的民生。由这一涵义解释,由米粮市到民生街的变迁,似乎也不无贴切。由此,"民生"的称呼也一直沿用至今。但是在城市日新月异的发展中,那昔日的大街早已变成今日的小巷。如今,北起文化街、南接解放街,不到300米的长度,这条小巷一定程度上已可用幽静来形容。行走其间,昔日米粮闹市的喧嚣与火热,只供怀想。

李振文/文

明清古巷——进宁街

每一条街巷都会有它的特点或者说关键词,对于进宁街来说,属于它的关键词大致可以概括为:"城"、"木"、"府"。其中,"城"是指"城池","木"是指"木头",府是指"政府机构"。

城:城墙拆除后的空地

在银川的地名历史中,有一个事件多次被提及,它对银川诸多地名的演变,有着深远的影响。

元末,因红巾军起义,战乱侵扰,城池难以守备。参知政事哈耳把台便将宁夏城(今银川)的西半个区域废弃,独修东半

今日车水马龙的进宁街

个城,周回九里余,面积仅为之前宁夏城的一半,俗称"半个城"。这种"半个城"的状况,一直持续到明正统九年(1444年),朝廷下令拓修宁夏城,将元末弃守的西半个城池修复,宁夏城才基本恢复到原先的大小。

今天的进宁街,已是一条闹市中的老街道了。而时光若回到600多年前的古代,这里却是天壤之别。元末的"缩城"事件中,随着西半城被废弃,原西城墙自然东移,其位置便定在今天的进宁街一线。这条街道,便是1444年明朝廷西扩宁夏城时,拆除原先"半个城"的西城墙和填平护城河后,在留下的带状空地上渐渐形成的一条街巷。

就是这样一条有着特殊来历的街巷,自诞生后,逐渐发展为城中要地。为什么说是要地呢? 在今天的进宁街与解放街十字路口西北侧的怡园内,有一方碑铭——"都察院旧址"。都察院为明代政治机构,主掌监察、弹劾及建议,其在宁夏城内最初的地址即位于今进宁北街一旁的沙湖宾馆附近。清初,地址几经变动的都察院,改为宁夏道署,在乾隆三年(1739年)毁于地震后,移建于今怡园所在地。

木:木业市场汇聚于此

令进宁街重要或者说"风光"的,还不仅是那些在当地显赫的政治机构。

中国古代的城镇原无街巷的概念,今日街巷的前身其实是古时的街坊与市集。成书于明代的《嘉靖宁夏新志》中,就有关于宁夏城"街坊市集"的记载,共32处,且各坊市已有明确的分工,诸如杂货、果品、布帛等业,皆有汇集之地和相对应的街坊,它们即是日后形成街巷及名称来历的"母体"。

到了清代,以街巷为主进行划分的城市格局渐渐形成,而街巷脱胎于街坊与市集的痕迹显而易见。比如,骡马市巷,为牲口交易市场;芦席巷,为生产和售卖芦席的地方……而今天的进宁街一带,则为"新木头市"。

"木头市",自然与木头有关。史料记载,"旧木头市在箱柜市西"、"新木头市在道署南"。这里的"道署"即指宁夏道署,而"箱柜市"则为今银川市五幼附近一带的街区,这一片与"木"息息相关的区域,都在今日进宁南街一带,彼时,此街称作木头市巷。

"木"的痕迹,今日仍在。今天的银川城有条横穿进宁街的绵长街巷——宗睦巷。此巷也是条古巷,是在宁夏城原西门二道巷基础上向东延展而成的。因昔日在这条古巷内,经营木器用品和家具的商铺林立,是全城木材、木业综合汇聚之处,故享有"综合木业一条街"之誉,被称为"综木巷"或"总木巷",后改称综茂巷,1942年又改为宗睦巷,延续至今。

还可深究。在清代关于银川街巷名称的记载中,宗茂巷附近还有条"官财巷"。名称何来?还是与木有关,因为此巷内棺材铺集中,"官财"取于谐音。此巷后改称业勤巷,直至20世纪80年代末,仍可在银川市街区地图中寻到,位置在今进宁南街北口,虹桥大酒店之后,今已无存。

府：军政要地"靖宁巷"

木头市巷之后，进宁街在民国时期又经历了一次名称的变迁，这也是它今日名称开始正式形成的一个时期。

如前所述，明代的都察院、清时的宁夏道署，这些重要的政府机构均曾在这条街巷驻足。到了民国，这条街巷也是机构林立。马鸿逵统治宁夏时，军政机构的军法处、稽查处和绥靖公署等均设于木头巷内，是宪兵、警察、特务和便衣侦探出没的地方，气氛肃然。是故，1942年，它被改称为靖宁巷。所谓"靖"，"平定，使秩序安定"之意；"宁"，自然指宁夏。这一名称在当时的用意，不难理解。

上述机构之外，在原宁夏道署位置（今怡园），1929年宁夏建省后亦是省政府办公地，故当时的进宁北街又被称为省府东巷。1942年，该巷改称"安民巷"，与当时一同改名的同一线南段的"靖宁巷"，可谓对仗工整。

中华人民共和国成立后，安民巷与靖宁巷于1959年合并，改称"静宁巷"。1960年，静宁巷又改为"进宁巷"。再到1981年，升巷为街，称为进宁街，一直延续至今。

从城墙拆除后的荒芜空地，到繁华热闹的木头市巷，再到气氛肃然的军政要地靖宁巷……从岁月深处走来的进宁街，历经变迁，如今已是繁华闹市里的一条普通街道，那些历史中的角色与时光留下的痕迹，已是过往。

李振文/文

仁义巷:一条巷子,两处生活

对比1936年的《宁夏省会图》和1986年的《银川市街区地名图》,可以发现,位于鼓楼四周的街巷没有发生太大变化,除了名称的变更,依旧保持着最初的走向。其中仁义巷即如此。

仁义巷位于兴庆区鼓楼南街(现步行街)附近,东起朝阳巷,西连中心巷,总长约400米,巷宽约4米。巷子以旧柳树巷为界,以西旧名芦席巷,以东旧名郎家巷子。1947年分别更名为仁义巷、中和巷。1970年合并改名为战斗巷,1981年又恢复仁义巷名。

芦絮飘飘芦席巷

现在和银川人聊起仁义巷,恐怕鲜有人不知,它与步行街相接,数十家潮流服装店铺、大型时尚广场遍布小巷两旁,是银川声名显赫的"女人街"。但要深究巷子的历史,恐怕就得问老银川人了,而且年龄至少都得在70岁以上的老人才能说清楚。

玉皇阁街心公园,每天下午会有近百位老人在那里晒太阳、谝闲传、下棋、打扑克。和那里的老人说起仁义巷,人们七

今日繁华的仁义巷

嘴八舌都能说上几嘴,集合起来,掀开的是一个芦絮飘飘、老银川市井百态的仁义巷往事。

仁义巷的前身是旧时的芦席巷和郎家巷子。78岁的安庆达说起芦席巷,眼睛里仿佛都飞舞着芦絮。安庆达打小就住在芦席巷,有风的时候,堆在墙角的芦苇花,经风一扬,整条巷子上空都飘着芦絮。芦席巷里基本都是卖芦席的店铺,店铺大都是四合院的手工作坊,前面是门店,后面是工房。到了收割芦苇的季节,各家店铺门前芦苇垛比房子还高。那时候的老银川城外芦苇资源很丰富,城外湖泊遍布,湖里长满芦苇。现湖滨街以北区域,那时是芦苇最茂盛的地方。

老银川人几乎家家户户都少不了去芦席巷选购芦席,芦席巷也因此生意兴隆,顾客络绎不绝。芦席是银川老百姓家里的必备品。炕上铺芦席,冬暖夏凉;盖房也用芦席;芦席还是葬具,买不起棺材的穷人家里死了人,就用芦席一裹入土。当然,芦席巷不仅仅只生产芦席,还会卖一些芦苇编的小型生活用具篮子、筐子之类的,这是安庆达觉得芦席巷最有趣的地方,没事的时候,他喜欢去那里看手工艺人编席子,匠人们手指翻飞,技术娴熟。

市井百态郎家巷子

沿着芦席巷往东,穿过原柳树巷(现步行街),就到了郎家巷子,巷子很短,不足200米,因而还被老银川人称为"一条马鞭子"。从字面上猜想,郎家巷子有可能主要居住着郎姓人家。但对此,就连老银川人也说不清楚,因而无从考证巷子因何得名。关于此巷,宁夏作家王维堡曾以《郎家巷子》(宁夏人民出版社,2000年出版)为题,撰写过30万字的长篇小说。记者粗略阅读此书,但也没读到任何郎姓人家的只言片语。

别看郎家巷子小,巷子可是四通八达,至今也是通往银川几条主要街区的要道。旧时,由它向西穿过柳树巷,可到芦席巷;东连砟子市(现朝阳街),过砟子市向东是南柴市;与它紧邻的南边是赫赫有名的新华街,而由柳树巷向北一拐,便可到鼓楼。熙来攘往,每天都有不少人穿行其间。

旧时郎家巷子两边,住的都是平民人家。巷子里的百姓,晚上关门是家,白天开门是店。他们卖酱肉、豆腐、捏面人、做糖葫芦,还有缝缝补补……总之做什么生意的都有。昔日巷子的商业余脉至今留存。在78岁的银川人柳靖远眼中,如今这条路段也是啥都有的卖,光碟、杂志、水果、炸串串、小饰品,还有一切奇怪的地方小吃……都会时常在这里出现。

20世纪80年代,郎家巷子内迁入了银川市财政局、兴庆区第四小学,巷子两边也开始陆续盖起了居民楼。可就是这样也没有扰乱它的商脉,各种零散的小贩常年在此驻足。问起冬卖甘蔗、春卖草莓、夏卖桃杏、秋卖葡萄的甘肃人吴白银为何要常年驻足此处,他说他也不清楚,就是凭借做生意的直觉,来银川第一眼就看上此地了。

至今,柳靖远的家还安在郎家巷子里,每天早上他都会被楼下熙熙攘攘的早市叫卖声叫醒,他倒是从未觉得吵闹,这声音,他已经听了数十年,很亲切,是他听了一辈子的生活之声。

乔建萍/文

昔日练兵场，今日永康巷

在银川市原老城区东部，今中山北街与清和街之间，有条北起益民巷，南至新华东街的巷子——永康巷。这条巷子称不上长，更算不上宽，但在许多银川人心目中称得上著名，而围绕它发生过的故事，也称得上纷繁、厚重。

旧称东门二道巷、礼拜寺巷

追溯永康巷的起源，得从它的南段——永康南巷说起。

永康南巷旧称东门二道巷、礼拜寺巷。东门二道巷好理解，此巷向东不远处即为宁夏城（今银川市）的东城门清和门；至于礼拜寺巷，查阅明代《嘉靖宁夏新志》中的宁夏府城图，在今天永康南巷北口西侧附近，是一处标明"礼拜寺"字样的处所。"礼拜寺"全称"回纥礼拜寺"，在今天永康南巷内的银川三中校门旁立有关于这处古迹的碑铭："……为银川古城中最早的清真寺。""永乐年间，御马少监者哈孙所建。"

永康，永远健康，这是看到这一地名最容易想到的字面解释吧。事实上，在东门二道巷和礼拜寺巷的称谓之后，"永康"

今日永康巷最北端的一段

这一名称是在1947年才出现（《银川市地名志》1988年版）。不过,若说到还有没有其他原因,倒也能追究一二。在今天的永康南巷中段,有条可以通往中山南街的巷子——泽民巷。这条100多米长的小巷,其西端北侧旧为药王庙,故称药王庙巷。药王庙内供有神农、张仲景、华佗等塑像,旧时的善男信女常到此祈求健康。

如此说来,"永康"二字倒是也可找到一些渊源。不过,由命名年代推测,更大的可能性还是归为"语取吉祥"较好。因为就在永康巷西侧,在它与清和街之间,也曾有过一条同样在1947年命名的南北向小巷"永宁巷"（今已无存,原址约在今解放东街古方药品超市西侧一线,20世纪80年代银川市区图上仍可见）。一"康"一"宁",无论位置还是遣词,均对仗工整,可以想见当年起名时的用意。

不能不提的银川"东教场"

永康巷的名称诞生了,但这条巷还远不是如今这样。起初的永康巷,只是如今的南巷,且只为其中一截,即从今天巷北口到泽民巷这一段,其后才在城市发展中,向南北延伸。

查看1947年的银川市地图,原永康巷的北边,是一片硕大的空地,上面标注着"东教场"。教场,旧时军队操练或比武的场地。这片标注着"东教场"的区域,是当时马鸿逵主政宁夏时的练兵场。

当然,如果追溯,银川城的"教场"也有更远的历史。清代《乾隆宁夏府志》府城图中,在宁夏城北城墙外清楚地标明着"教场"所在。同样的方位,明代《嘉靖宁夏新志》宁夏府图里,标注着"演武亭"。可见,银川历史上的"教场"一直有着固定的位置,直至1949年的"银川市地域图"里,上述方位还有同样字眼的标注,只不过变成了"教场湖",其水域联通北塔。

宁夏城内"东教场"的出现,有的说是在清末。"清末宁夏城(今银川市)东北修建了一个军队教场,面积3万多平方米,银川居民称为'东教场'。"(《宁夏通志·卫生体育卷》)但还有一种说法是跟吉鸿昌有关。1927年,国民革命军第十军军长吉鸿昌就任民国宁夏省第二任省主席,因没有一个合适的练兵场所,他便组织人力在紧邻城墙的银川城内东北区域,平整出一片空旷操场,时称"东教场"(《百年银川》)。教场,自然是为练兵,但在这个"东教场"却也发生过一些与练兵无关的大事情。

1929年,吉鸿昌为稳定民心,增强团结,在东教场举行了宁夏军民联欢游艺和武术比赛大会,参加者包括全省10个县、省级机关、军队、学校的代表队和130名武术选手,进行了田径、篮球、足球、国术散手等比赛。就是这样一场在东教场举办的既比赛又联欢的大会,却开创了宁夏近代体育运动会的先河。而其后,1933年、1944年,这里也均举办过宁夏省级运动会。这些,都让东教场在宁夏体育史上具有了相当重要的意义。

"练兵场"里走出的繁华巷陌

在今天的永康北巷,有一条与其相交的东西小巷——银河巷。这条小巷,便是昔日通往东教场的一条路径,也因此它过去的名称便是东教场巷,也称教场北巷。1947年,其名改为训育巷,1959年更名建材巷,直至今日银河巷。

与永康巷的过往紧密相连的东教场,时至今日,仍为不少老银川人记得。在今年88岁的朱文华先生的记忆里,东教场到了马鸿逵统治宁夏时期,其区域东、北抵靠城墙,西面接近今中山北街,南侧到今天的解放东街。其中,东北城墙下安装着许多训练器材,如单杠、天桥、浪桥、木马……而教场西侧从北到南则按一定距离,栽了许多绑上草人的木桩,上午步兵练习刺杀,下午骑兵练习骑马劈刀。

东教场硕大的区域一直保持到1949年之后。1949年9月,宁夏银川解放后,在东教场举行了三万多人的庆祝大会;1950年年末,宁夏省人民法院在这里召开过万人公审大会,对当时的大土匪郭栓子等人进行了审判。

然而，时光的步履里，东教场作为操场的功用，终成过往。随着城市建设的推进，这里逐渐变成银川人居住和生活的区域，同时也自然生成一条与原永康巷南北相接的道路，于1959年并入永康巷，1981年以解放东街为界分为南、北巷，直至今日。

昔日的练兵场，曾坐落于巷旁的礼拜寺、药王庙……拥有吉祥名称的永康巷，如今已是繁华市区里的一条寻常巷陌。商铺林立、小区错落，来来往往的行人与车流间，小巷的烟火气息弥散四周。置身其间，那些沾满历史的层叠往事，你能想像吗？

李振文/文

掌政：从明清古堡到现代小镇

掌政镇，坐落于兴庆区东部的黄河岸边。汉武帝元鼎五年（前112年），建北典农城于此地，后人称饮汗城；5世纪初，夏国主赫连勃勃将饮汗城改造成丽子园，系皇家花园；北魏孝明帝年间（约526年），在此设立怀远县；明洪武二十五年（1392年），宁夏左屯卫在唐怀远故城南修筑张政堡，乃掌政镇前身；1949年后，依其谐音，改名掌政。

明代将领张政的故事

张政，湖南澧州人，是明初鼎鼎大名的人物。张政出名，原因有二。一是他乃明初开国将领蓝玉的偏裨，战功赫赫；二是被列为"明初四大案"之"蓝玉谋反案"的"要犯"，差点丢了性命。

洪武二十六年（1393年），朱元璋为加强集权，借口凉国公蓝玉欲图谋反，于洪武二十六年二月初八将蓝玉逮捕，二月初十即将其处死。同时，大肆株连杀戮功臣名将，牵连到十三侯、二伯，连坐族诛达15000人，把打天下的将军几乎一网打尽。

蓝玉被处死后，三月初二，官拜前军都督的张政（一品大员）被捕入狱，本在被诛杀之列。其被捕后，与他同是都督的萧用、聂纬、马俊等在4个月内先后伏诛。然而，半年之后，朱元璋突然下诏："兰贼为乱，谋泄，族诛者万五千人。自今胡党、蓝党概赦不问。"于是，张政被赦，可能是感念其有功于朱明王朝，被发配到宁夏卫，降级使用。

考明代宁夏史志，有关张政的记录只有两处，一是明初修筑左屯卫的张政堡，一是《宣德宁夏志》中收录张政的律诗《送人归葬》。宁夏左屯卫设立于洪武二十五年（1392年），恰在张政贬戍宁夏之前，张政很可能被任命为卫指挥同知（从三品）一类的官职，才可留下"张政堡"这样以他的名字命名的屯堡。

张政的《送人归葬》曰："塞垣廿载鬓成霜，今日何如促去装。慈母孤坟留禹穴，孝心一念衬钱塘。关山跋涉愁千斛，松梓攀号泪几行。归到故园襄事毕,还来尊酒话行藏。"

这首诗,内容似是送父归葬,但题目有些费解。"塞垣廿载鬓成霜",是说张政到边塞宁夏已20年,应该在1412年左右吧。"今日何如促去装",言张政仓促脱去戎装,换上便服。这句诗,证明张政当时有军职在身。"还来尊酒话行藏","藏"是完成之意,叙张政奉灵安葬完毕,返回宁夏置酒答谢同僚上司,报告差事完毕。

成书于宣德年间的《宣德宁夏志》为庆王朱栴亲撰,距张政被赦近40年,离张政《送人归葬》不足20年,特别收录这篇诗文,表明在朱栴的心目中,张政的冤屈已然昭雪,还是一位孝子功臣。有张政这个地名传承600余年,张政在天之灵应该欣慰。

清初名将赵良栋的家园

明代,张政堡作为一座军事城堡,主要驻扎军士,垦种土地。到了清代,张政堡是隶属宁夏县的堡寨之一,履行管理职能,以保证本地民众的生命财产安全。同时,也是一所驿塘,有马12匹、夫6名,负责宁夏府城至横城间的驿递。清代,张政堡又与被誉为"清初第一良将"的赵良栋的名字紧密联系在一起,因赵良栋在此建府置地而兴旺发达,名声鹊起。

赵良栋(1621—1697年),字擎之,祖籍陕西绥德,后迁至安边,小时读过两年书。顺治二年(1645年),清军进攻陕北,赵良栋弃学从军,在平定陕西、占领关陇、镇压宁夏兵变的过程中荣立战功,被授宁夏水利屯田都司。在宁夏期间,赵良栋整治水利,安置流民,恢复农业生产,后更举家迁来宁夏。从此,赵良栋以宁夏人自居,故史书都称其为宁夏人。

履职宁夏水利屯田都司是短暂的,清初各地局势动荡,战乱纷起,赵良栋又随军征战。顺治十四年(1657年),赵良栋跟随洪承畴进军云贵,转战缅甸,会师昆明。

康熙十四年(1675年)十二月,宁夏驻军哗变,杀死总兵陈福,宁夏局势动荡。甘肃提督张勇力保时任天津总兵的赵良栋升任宁夏提督,康熙照准,并召见赵良栋,赐予鞍马甲胄。赵良栋率精兵百人赶至宁夏,协助张勇安抚宁夏。康熙十七年(1678年),吴三桂在衡州称帝,赵良栋主动请战,带领宁夏绿营兵屡战皆捷,攻克成都、平定四川,授兵部尚书,总督云贵。继而,提10万大军攻取南坝,破昆明城,吴世璠(吴三桂之孙,在吴三桂死后继其帝位)自杀。《乾隆宁夏府志》曰:"克滇之日,驻兵于郊,不以一卒入城。"后赵良栋急流勇退,告退归宁,"以将军总督家居"。

自从赵良栋担任宁夏水利屯田都司,就在宁夏城建府置地。他的府第有两处,一处在宁夏城(今银川市)羊肉街口东南,一处在张政堡。张政堡的赵府,有府第,也有庄园,占地颇广,至今留下赵府、赵家湖、赵家滩等多处地名。赵良栋的墓,就建在自家庄园里,20世纪50年代初,尚存巨大的封土堆和众多石象生。

21世纪的特色小城镇

历史车轮走到21世纪,掌政镇进入了特色小城镇建设时期。掌政镇是银川东大门的重要节点,是宁夏"黄河金岸"的重点集镇,被自治区、银川市两级政府确定为重点建设的沿黄特色小城镇之一。

掌政镇特色小城镇建设,依托国家级湿地公园鸣翠湖,项目包括居民区、高档别墅区、创业园区、专业化市场、城市广场、购物街区、商业金融片区、旅游景区、科教文卫配套区等一系列完整的、符合当地资源特性的功能片区,建成后将成为展现"塞上江南"风情的宜居绿色生态型复合社区。

经过几年的建设,今天的掌政特色小城镇已初具规模,商业街独具特色,创业园设施先进,别墅区环境优美,风景区美景初显。

2014年秋,兴庆区民政局会同掌政镇政府,邀请吴忠礼等史地专家为掌政镇特色小城镇建成的道路街巷命名出谋划策,与典农城、高台寺、张政、赵良栋等有关的历史文化信息将注入这些现代的街巷,使之渊源深长,底蕴厚重,历久弥新。

郑济洧/文

阁第湖的前世今生

在今天的银川市兴庆区东部，友爱街与燕庆街间，有一片正在开发的城市新区域。车来人往的建筑工地，渐次崛起的现代高楼……一片忙碌喧嚣中，不为人所知的是，一处名为"阁第湖"的湖泊在此存身。在对其名称、身世的探究以及对其过往、前景的观照中，经历着新一轮改造的阁第湖，正静静展露着属于自己的故事与画卷。

"锅底"之称，因形而来

记者以市区鼓楼为起点一路向东，经解放街、银通公路至大新村，再折向南，穿过一片正施工的建筑工地，即至阁第湖，全程3.7公里左右。

下午时分，阁第湖的水面泛着一种青灰的色泽，湖中央是大片苇草。绕湖一周，约1.5公里。湖一面临大新渠，其余三面皆为工地包围，也因此，湖畔并无垂钓者或游人，只依稀听到苇丛中野鸭的几声鸣叫，多少显得有些寂寞。

以上即是它今时之况。可以预期，随着这次的开发建设，这一原处市郊(大新镇境内)的湖泊,即将成为银川市市区里的又一处繁华"内湖"。

查看地图,"阁第湖"是此湖今天的称呼,它原先的名字是"锅底湖"。

77岁的项孝,是土生土长的大新镇当地人。说起"锅底湖"的来由,他这样解释:因为此湖坡度较陡,越向中央走,湖水越深,以至平时岸边苇丛茂密,而湖中央寸苇不见。

项孝的解释,自然是从湖的纵剖面形状来说——确实很像平时用的铁锅。可以做一比较的是,江苏泗阳县也有个"锅底湖",有考证者对其名称的解释是:因湖边缘的整体形状,像过去使用的一种尖底铁锅。

有趣的是,若从卫星地图上查看,银川"锅底湖"今天的俯瞰形状,也很像一口圆锅。而且,其东南方向还伸出了一处方形水域,如一个手柄,使湖整体外形更与今天那种手持炒锅颇为相似。

"源起何时",与渠相关

"锅底湖"名称,究竟何来? 在尚无更多佐证的情况下,项孝的这种解释更可靠些。毕竟,经过时光变迁,湖泊的水域外形,变数会很大。

接下来一个问题是,此湖究竟源起何时? 项孝给出的回答是:"几百年了吧……至少,我出生前,它就在那儿了。"

查阅《乾隆宁夏府志》,有"锅底湖"的字眼,卷三"山川"载:

"陈家湖、西湖、锅底湖……皆在丰登堡。"然而,联系到文中的"丰登堡"(今丰登镇一带),与今时方位比较,很难对应。也就是说,这很可能指的并非同一个湖。

历史上的银川平原,曾湖沼密布,有"七十二连湖"的说法。然而,串缀于平原上的这些湖泊,却各有成因。宁夏大学教授、我区著名地理学者汪一鸣解释:这些湖泊,有一种是年代较久的"牛轭湖",即黄河古道遗迹;还有一种是年纪较轻些的"渠间洼地湖",是随着引黄灌区开发,因渠道排水不畅等因素而形成的灌区次生湖。从地图上判断,现在的"锅底湖"应该属于后者。

在如今"锅底湖"的东南,大新渠与其擦身而过。大新渠,唐徕渠支渠之一,始建年代不详,亦有"传唐代始开"(《银川市

地名志》1988年版）。所以，如果要进一步推断"锅底湖"更具体的形成年代，大新渠是一个重要的参照物。这里，不妨留待有兴趣的专业人士进一步考证。

忆昔望今，值得期许

名称、源起之后，自然要说说此湖的变迁。

今年60岁的赵武强，也是在此湖附近长大。在他的讲述里，"锅底湖"在20世纪六七十年代，水域要远比现在大，还有许多鱼。"湖边的芦苇长得很密，村里人包粽子时都会去湖边摘叶子。湖里曾有好多鱼，一直到上世纪八九十年代，来此垂钓者都是络绎不绝。"赵先生的记忆里，此湖的"衰落"从20世纪90年代后期开始。"湖面逐渐萎缩，没有了补给水源，水质也慢慢变差，鱼越来越少。2000年之后，钓鱼人基本就看不到了……"

结束寻访，再次穿过忙碌的工地，回到今天的"锅底湖"。2014年，随着银川永泰城项目的启动，位于建设区域内的"锅底湖"，也在这一轮规划中更名为"阁第湖"，以谐音的变更，寓意其前景的美好。更名后的阁第湖，将进行深入的景观改造，开始它"今生"的另一段旅程。

作为阁第湖改造方的永泰集团，对此有着详细的规划。项目规划将根据周围环境及人群使用方式，分为滨湖广场区、休闲花园区、康体运动区、生态体验区、环湖休闲区5个区域。通过自由路网的组织连接，在原阁第湖基础上，扩大湖面并恢复生态绿色滨水空间，打造一个独具魅力的城市级生态休闲公园,提升城市的环境、社会和经济价值。

"它水质纯洁,风光秀美,夏秋两季,湖里的芦苇生长茂盛,清香高大。湖里还生长着水草……野鸭水鸟也在湖里时出时没……"(《冰钓乐园锅底湖》,张钰琳文,刊于1996年第3期《中国钓鱼》)这是采访中,记者偶然寻到的一篇描写当年阁第湖的文字。虽然仅为片断摘录,也只算此湖一路走来的短短一瞥,但昔日风景仍令人回味。想来,随着它全新一轮改造计划的实施,阁第湖不久的将来,更值得期许。

李振文/文

羊肉街口纪事

羊肉街口,是旧时银川城里一处重要的商品集散地,特别是牛羊肉、皮毛的销售量很大,附近居民常到羊肉街口消费。后来马鸿逵到宁夏后又住在了附近,更增加了它的知晓度。

以下为受访人朱文华先生(1927年出生)的口述记录。

街口附近店铺云集

1932年,我来到了宁夏城(今银川)。那时,羊肉街口是东、西、南、北4个主城门的交叉路口,是唯一直通四门的交通要处,故又称"十字路口"。当时,我住在附近,直到1942年才迁走,所以对这一带非常熟悉。

那时羊肉街口周围的分布是:由街口向南叫南大街,街西侧是粮店,一连有好些家,一直向南到省银行旁边。省银行的南面是萧家糖坊,是一排带走廊的立木房子(新中国成立后老市委对面)。每到冬季,这些糖坊都要做土糖,像面糖、皮糖、豆瓣糖、瓜瓜糖……我们这些穷孩子便去批发上各种糖,然后去远处沿街叫卖,也能有些收入混个馍吃。再向南便是一个小

今天的羊肉街口

学,当时叫教育巷小学,不教四书五经,群众称它"洋学堂",是省城较好的学校之一。

南大街街口东侧拐弯处是家压面铺子,和对面粮店不同的是,它主要卖加工好的面及少量的黑面、黄米。压面铺的南侧是卖杂货、食品的商店,再向南还有皮货店,既收皮子,又制成衣、皮货……大量产品远销省外。这一带,坐东向西还有一座阔气的大宅,是省城教育世家徐梦麟的家。

羊肉街口向西,当时叫西大街。西大街的南侧有两家卖生猪肉的店和一家专卖熟肉并代销各种酒类的店,常顾客盈门,有时晚上12点了都不关门。再向西还有百货、京货店(当时专卖北京、天津货的店),直到玉皇阁对面的德泰永中药店,这是当时一家资金雄厚、药材地道的名店。

羊肉街口西北侧最有名的是协力厚,也是有名的中草药店,生意红火,再向西有布店,直到玉皇阁。晚上这一带是卖小吃的地方,一到天黑人头攒动,有卖包子、饺子、杂碎、粉汤的……生意也很红火。

牛羊肉挂满露天架子

羊肉街口的东侧,当时叫东大街(今解放东街)。东北角有个汉民饭馆子,荤素菜肴、各种名酒应有尽有,生意红火了好多年。这个餐馆最吸引人的是,他们雇了一个小孩子在门口大声叫卖,吸引过往行人。至今,这叫声仍在我耳边回响:"包子,刚蒸出来的热包子呀! 包大油多味道鲜,吃了让你想3天,快来买呀,来晚了就没有了!"

在这家餐馆的东面,隔着几家商店是几家饭馆,有清炖羊肉、羊羔肉、手抓羊肉、全羊席……顾客满座、生意兴隆。再向东到今永康巷很长的一段街,全是卖馍馍的,如:焜馍、蒸饼、千层饼、蒸馍、油饼……还有卖小吃的,最有名的是羊杂碎、小吃子、粉汤饺子……再从永康巷到东门,则全是卖菜的。当时的蔬菜品种较少,多数是萝卜、白菜、洋芋以及少量鲜菜。

东大街的南侧,从压面铺向东,除了两家铺面卖羊肉外,还有很长一排露天立着的木架子,鲜美的牛羊肉挂满架子,这是专卖牛羊肉的地方。逢年过节或入秋以后,是俗语所说"冬补羊肉夏补瓜"、"树叶黄,吃肥羊"的黄金季节,来往顾客摩肩接踵,店家生意兴旺。

在东门附近,有一家大货栈,前门开在东大街,大商巨贾、军政官员经常由此出入;后门开在永康南巷里,门楼高大,车马、骆驼出入自如;里面场院宽阔、房屋众多、仓库林立、货物齐全。店家把收购的皮毛、土特产品运往外地,把外地的布匹、绸缎、茶叶运回宁夏,获利颇高。

朱文华/讲述

通贵堡述往

　　2015年5月，通贵乡政府驻地通贵堡，地域虽不甚大，但开发景象随处可见，车辆来往，楼宇渐起，有些地方还正竖着高高的建筑起吊架……当地乡政府提供的一份简介中写道：通贵乡东靠黄河，面积111平方公里，下辖河滩村、司家桥村、通南村、通贵村、通北村和通西村，共6个行政村。全乡总人口15175人。

当地老人的回忆

　　采访之时，由通北至通贵堡途中，可见位于银川郊区的这处乡镇也处在不断的开发和建设中。通贵堡北侧，一条正在修建

今日通贵堡一条整齐的小巷

中的与贺兰山路连通的公路,宽阔笔直。随行的当地人告诉我们,路修好后,由通贵至银川,仅需20分钟左右车程。

寻访的马存功老人,就在通贵堡住。一条柏油路街道南侧的小巷内,黄墙红顶、风格一致的院落,沿小巷两旁整齐伸展。马存功的家,就在小巷的最里端,他出生于1928年。

说到通贵堡的过去,在此出生和长大的马存功,印象深刻。"苦啊,穷不堪言……土地也不好,尤其是通贵。"马存功说,他指的是20世纪二三十年代。虽然这一带有惠农渠流过,但对当地人来说,还是显得有些远,很长一段时间来,渠水无法惠及。马存功的印象里,变化在1936年前后发生过,这里开了一条云亭渠(今名民生渠)。马存功说:"这条渠南起王太堡,北至贺兰通昌,渠一开,(通贵人的)日子好过些了。但好景不长,很快就开始打仗了,抓兵、要粮,又苦得不能说了……"

惠农渠与"通八堡"

马存功刚才的回忆,是民国年间的事情。如果再往前追溯,通贵堡的历史更久。

通贵堡,清雍正四年(1726年)开惠农渠时所设。要说清通贵堡的来历,惠农渠是一个绕不过去的字眼。据当时所立的《惠农渠碑记》以及《乾隆宁夏府志》中的记载,惠农渠为雍正年间"特命侍郎臣通智,会同督臣岳钟琪,详细踏勘"之后,又由通智、宁夏道单畴书等人"奉旨肇开","与汉(渠)、唐(渠)并列"。

取其造福于民之意,命名惠农渠。

惠农渠建好之后,确实惠及了当地百姓,沿渠两岸也建立起不少堡寨。这些堡寨的命名,均以开渠人通智之"通"为首字,由南向北依次:通宁、通朔、通贵、通昶(chǎng)、通吉、通义、通城、通伏,也就是民间常说的"通八堡"。其中,"通贵"即为今日要说的通贵堡。

"通八堡"的来历,与通智有关,这一点在流传的说法里没有异议。有出入的是,由谁命名、因何而名? 一种说法是"通智开惠农渠时所设,以其姓为首字名之"(《银川市地名志》);另一种说法比较"神奇"些——因通智有10个儿子,所以各以他们的名字命名。此次访到的马存功先生,即抱这样的说法。而之所以是10个儿子,因为"当时建的其实是十个堡,通惠、通瑞后来被河水冲掉了"(马存功语)。

两种说法,前一种应该更可靠,也更合理些。有一篇署名汪复聪的《惠农渠与通八堡》文章(《贺兰文史资料》第四辑),解释比较全面:(建立"通八堡"后)又建有通润堡、通丰堡、通平堡、通惠堡,同样以"通"字冠名;而且,惠农渠上的许多桥梁也以"通"命名,如通春桥、通和桥、通泰桥等。

"掉在河里的飞机"

在通贵堡的探访中,马存功讲到了一个"掉在河里的飞机"的故事。结合相关史料的佐证,我们对之做一还原。

事情发生在1938年(也有说是1939年)冬,一架飞机迫降于通贵附近的黄河河道。"就在河道中间,一个翅膀(机翼)插入水中,一个翅膀露出水面。后来,从飞机里走出三个外国人,手里拿着国民党的旗子,大喊着:'中央政府、中央政府'……"(马存功回忆)

令当时通贵老百姓惊奇不已的事情,有着它的历史背景。《民国宁夏风云录》(杨少青,胡迅雷主编)有载,其时,正值日寇侵华。那年冬天的一个夜晚,驻扎在山西运城的日军飞机倾巢赴重庆空袭。国民党空军指挥部于是指派支援我国抗日的苏联空军志愿军的一个队7架飞机,夜袭运城日军空军基地。

轰炸任务刚完成,之前获知情报的敌机也已飞返,并以数十架飞机的数目将志愿军空军包围,展开空战。力量悬殊,空军志愿军的飞机迅速向西撤退,其中领队飞机缺油,途中先行降落于定边。剩余6架向宁夏飞来,需完成中途加油才能飞返兰州基地。

由于无人懂俄语电报,当这些飞机飞抵宁夏城(今银川)上空时,立即遭到地面部队的阻击,各种轻重武器一起开火,苏机飞行员顿时晕头转向,乱了队形,四散开去寻找降落地。

事后才知,这6架飞机,3架落在了定远营(即今阿左旗),一架落在灵武,一架落在小坝,另一架落在了通贵,也就是马存功记忆中的"掉在河里的飞机"。据马存功回忆,其迫降地点距通贵乡三棵树村,不过一公里左右。

李振文/文

前进街里说往昔

在银川市兴庆区解放西街与新华西街之间,有条东西向、长度相对较短的街道,名叫前进街。其东端起于民族北街,西端止于富宁街,长度仅约1.2公里,但如果追溯起它的历史,却是说来话长。

原为小南门四道巷及会馆巷

《银川市地名志》(1988年版)载:"(前进街)原为小南门四道巷及会馆巷。"于是,开篇我们就先从这两个名字讲起。

昔日银川人给街巷命名有一个简便的办法:以某个地标为依据,然后给临近的巷落依次命名——头道巷、二道巷、三道巷……这里的地标,可以是一条街巷,如鼓楼附近的光华头道、二道、三道巷,是因光华巷而衍生;还可以是一座建筑物,如承天寺塔附近的塔西二巷、三巷、五巷……

至于小南门四道巷,自然是因小南门——光华门(旧址在现利民街与南薰街交会处)而来的。相应的二道巷在今利群西街西段,三道巷在今新华西街西段,头道巷已无存。

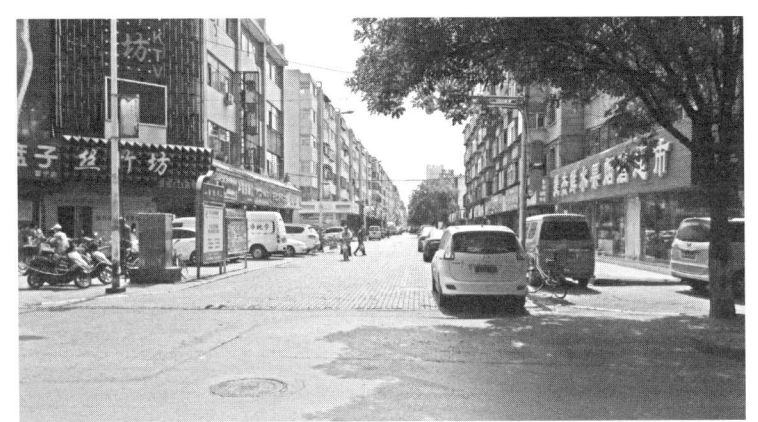

今日前进街

　　这里的小南门四道巷,也是指今前进街的西段。而东段便是先前的"会馆巷"。此称由来,是因这里曾有过一座宁夏城(今银川)里最大的会馆——陕西会馆,旧址在今前进街东口,银川市实验小学西侧一带。

　　此处会馆始建于何时,尚不可考。1926年成书的《朔方道志》"建置志"中,载有"陕西会馆"条目,所附注解为:"在城西南铁局街。"铁局街,即今利民街。可见,当时陕西会馆还未设于今前进街处。但至少在一幅1936年的"宁夏省会图"里,此段前进街的位置已清楚地标明了"会馆巷"。

　　以上两例考据,发生在10年之间,可为此处会馆的出现年代提供一个大致的参考。

曾坐落于此的陕西会馆

　　所谓"会馆",指旧时同一个省、府、县或同行业的人在京城、省城或其他城市设立的供同乡、同业聚会、寄宿的馆舍。(《现代汉语规范词典》)。

此巷中的陕西会馆,除以上功用外,据不少老银川人回忆,在20世纪30年代的民国时期,还聚集成了一处自乐班茶社(另一处较有名的地点为山西会馆)。一些流浪艺人和小曲艺人在此唱戏,剧种以秦腔为主,也有眉户和宁夏花儿等。这些活动,曾对秦腔等剧种传入宁夏起到过重要作用。

居住在此街附近的鲁青侠女士,出生于1939年,在她童年的记忆里,对此处会馆还有些印象:

"是一种庙宇式建筑,大殿还在,庙里有好多神像。我上学时,教室就在会馆里。"

鲁青侠女士说的"上学",指的是1949年之后,她在此地就读的省立实验小学,也即今日仍在此址的银川市实验小学。

银川市实验小学,是如今前进街上一处不得不提的地标性处所。这所学校的历史堪称厚重,《朔方道志》"宁夏县学校"条目中记载:"第二高级小学校,在郡城西南隅棕木巷(今宗睦巷),民国九年(1920年)建。"这里的"第二高级小学校"即今实验小学前身,该校提供的一份校史手册上显示:"(始建时)利用财神庙宇空地、闲散民房为校址。"

从教育巷小学到今天的实验小学

查看《朔方道志》所附宁夏城地图(1926年成书)以及一份1936年的"宁夏省会图",实验小学初建时的位置在今宗睦巷东口南侧,但并未紧邻1936年地图中的"会馆巷",在二者之间仍另有一条东西向的巷道及若干建筑物间隔着。

这一点,亦可在该校校名变更履历中找到对应线索。该校校史手册中显示,1929年,校名变更为"宁夏省立教育巷小学校"。依此判断,这条曾位于宗睦巷与前进街之间,如今已经消失不见的东西向街巷,即为当时的"教育巷"。而且,此"教育巷",非今教育巷(亦在此段前进街附近,为南北向)。今教育巷,是因其中段与昔时的"教育巷"相交,1949年后始称。

"教育巷小学"更名之后,1936年,省垣银川连遭日寇飞机轰炸,各学校被迫停课,教育巷小学停办。1944年,省垣各小学陆续复课,"教育巷小学"遂与"宁夏省立实验小学"(原址在今文化街与民族北街交叉口西南角)合并,以原"教育巷小学"为校址,校名则沿用"宁夏省立实验小学"。

也据该校校史手册记载,20世纪50年代,政府将学校西侧陕西会馆用地和部分闲散民房全部划归学校使用,校园规模扩大至南起前进街、北至宗睦巷、东邻民族南街、西靠今教育巷(现已为居民区)。这也是前文鲁青侠女士记忆中,儿时在会馆上课的缘由。至此,这所有着久远历史的学校,也真正与前进街接壤。

发生于此的惨痛往事

作为前进街上的一处标志性处所,银川市实验小学有着丰厚的历史。20世纪30年代后期,该校师生在中共宁夏工委的直接领导下,创建了"宁夏少年战地服务团",在宁夏革命史上留下一段重要的篇章。

同样是在这一历史时期,前进街也见证过一段异常惨痛的历史。抗战期间,日军飞机多次轰炸银川,其中1939年3月6日的轰炸,是目前所知造成人员伤亡与财产损失最为惨烈的一次。这其中,位于前进街(时称会馆巷)的地政局防空洞,便是当时银川城内死伤最为惨重的一处地点。防空洞里"除8人受轻重伤,其余42人全都死了"。(亲历者何仲德回忆)

查看1936年的"宁夏省会图","地政局"的标注在今前进街与利民街交会处东北方向不远,而防空洞就挖在地政局门前不远处。当年,正是日军飞机的两颗炸弹落在了洞口,形成两个大坑,翻飞的泥土把洞口封住,防空洞内的死者大部分都是被捂死的,景象惨不忍睹。

走过这段悲惨历史的前进街,1947年,其中一段的会馆巷被更名为"居安巷",小南门四道巷被更名为"益安巷"。再到1970年,上述两巷被合并并更名为前进巷,1981年变巷为街,也便有了今天我们所熟知的前进街。

李振文/文

沧桑多变中山街

提及银川的街巷,恐怕没有一条街像中山街这样深入人心。它南起银川如今仅存的一座古城门——南薰门,北止今北京路,中间以羊肉街口为界分为南、北街。不过两公里多的一条街道,数百年来,围绕着这条银川古街发生的故事浮浮沉沉、从未褪色,即使今天说起,依然是风云激荡。

(一)中山南街

从历史深处走来

古代的街巷最早多以八卦方位简单辨别,如南大街、北大街、西大街等。到清朝时,宁夏城的街巷格局已定,全城以6座城门为标志,形成了6条主干道大街(如南大街、北大街、

20世纪50年代的中山南街

西大街等)为主和由各坊市(如米粮市、羊肉市)或建筑物为辅(如镇远门大街、光华门大街)加以划分的街道布局。事实上,数百年的宁夏城街道名称演变中,中山南街之"南"从未被弃,因它简单、直接、易辨别,就像是这座城市的指南针,为南来北往之人指明行路方向。

明代时,中山南街被称为南大街,是唯一一条穿宁夏城而过的古驿道,故而地理位置极其特殊。在明《弘治宁夏新志》中对其有零星记载:南薰门内西侧,为宁夏卫衙署,后改为庆王朱㮵的临时王府;门内东侧还有南察院衙署、中屯卫衙署、宁夏镇药局和庆藩宗学。据明《嘉靖宁夏新志》记载,南薰门城门内西侧设有宁夏府衙门和宁夏驿道总站;门内东侧设有宁夏县仓、平罗县仓和宁夏盐仓。

清代时,南大街又以南薰门大街的称谓出现在史书中,南薰门大街沿街还建有著名的"风清畿甸坊"(纪念清朝名臣赵良栋长子、宁夏直隶总督赵宏燮)和"雅镇海服坊"(纪念清朝名臣赵良栋次子、宁夏府兵部尚书赵宏灿)。

因南薰门大街这份地理位置上的特殊性,宁夏历代武将名臣的王府官邸也多沿此街而建,有以慑八方之意。如:向北过了如今的新华东街,明代的庆亲王府便位于南薰门大街以西,街的东侧则建有丰林郡王府、镇远郡王府。清代,庆亲王府被毁,在遗址上修建了宁夏县衙署;在街的东侧,于明原两王府的旧址上又建了"勇略将军府"(清初名将、曾任宁夏提督赵良栋府邸)。

"桃李之香"溢满街区

昔日的南薰门大街,也不全是权贵的身影,与它纵横交错的街巷里发生的故事让它的历史变得丰富、厚重。学堂巷(现育才巷)便是南薰街上一条百年老巷。

学堂巷因巷子里的一所"艺徒学堂"而得名。但艺徒学堂究竟成立于何年、由何人创办、招收的都是什么样的学生,关于宁夏城的各种史料上并无明确记载。对宁夏教育史略有研究的宁夏文化厅副巡视员杜吉林,向记者介绍了晚清时宁夏城的办学情况:晚清,尤其到了光绪三十一年(1905年)后的清朝后期,宁夏城开始有专门针对某行业而开设的各式学堂。"所以,'艺徒学堂'的前身极有可能是培养戏曲、杂耍孩子的戏班子。"

在杜吉林的介绍中,1914年,继国民政府教育部公布《小学校令》后,宁夏省相继开办了一批初等小学和高等小学。宁夏省县立第一高级小学便在艺徒学堂的基础上应时而生。战火连绵年代,这所小学一度停办。1950年,学堂巷上空又传出琅琅书声。1956年,学校更名为银川市第三小学,学堂巷更名为育才巷。

与其他小学相比,育才巷的银川市第三小学的优势还有一点就是紧邻中山南街。宁夏解放后,中山北街可是银川市政治、经济的中心地带(中共银川市委、市人大常委会、市人民政府等重要政府部门当年都分布在中山街上),这在一定程度上确保了学区内有源源不断的优质生源。据校方提供的资料,在1978—1988年的10年时间里,银川市第三小学的升学人数连年居全市第一,成为银川市当之无愧的重点小学。

如今,育才巷里的那座名校已搬迁至中山北街的立志巷(现名兴庆区三小)。但昔日校园里那棵最年迈的槐树还在,操场上的塑胶跑道还在,几座分别修建于不同时期的教学楼也还在。近百年"桃李之香"早已丝丝缕缕地渗入街巷的每一处,无法挪移。

曾经温暖朴素的四合院

新中国成立后,寻常百姓得以入住中山南街沿街院落。平均七八户人家共用一个四合院,有高大的院门,下有门槛、上有门楣,房屋多为土木结构,南北朝向,南北户间仅有2米宽的过道。"南屋做饭,北屋闻香;院头吵架,院尾劝架。"这就是60岁的闫海描述的中山南街昔日的街坊生活。

建筑工人闫海和57岁的大学教师简新是从一起小长大的哥们,至今他们仍居住在中山南街附近的一栋老楼里,童年的记忆让两人有很多共同的话题可以聊。爬南门城墙、钻城洞,堵不喜欢的老师家的烟囱、一起在街边和煤饼,就连结婚都是在同一个四合院里先后办的酒席。

四合院里的结婚场景,是闫海心里最温暖的一段记忆。一家有喜,全院欢腾;张家结婚,李家、王家房顶上合搭一块帐篷布,棚下挂电灯、摆桌椅,这做席的、吃席的空间就全有了;亲家来人多了自家住不下,邻居家钥匙一摞,房子随便使用;吃席的桌椅碗筷不够用,全院甚至整条街的碗筷都能随借随到。

只是这种不分彼此、温暖朴素的邻里生活止于1985年,那一年,中山南街要修"小吃一条街"。因修此街,中山南街沿街的老四合院不得不拆除,就连街边那数百株高达数十米的白杨树都未能幸免。

"小吃一条街"成为"电器一条街"

在中山南街"小吃一条街"东北角(与新华东街交会处)的一面墙上,留有一块刻着"小吃一条街"由来的花岗岩砖,上刻"为繁荣市场、搞活经济,方便人民生活,经中共银川市委市政府批准,在银川市中山南街建设小吃一条街。"施工起止时间为1985年3月5日至同年6月15日。

然而落成后的"小吃一条街",并未如建设之初的设想,成为宁夏特色小吃一条街,相反为了快速盘活这条街的经济,各种各样的商铺都入驻此街。后来随着市场竞争,经营不善的餐饮商家逐渐退出,街上最聚拢人气的却成了各大小家用电器店。今天的"小吃一条街"沿街商铺中,约90%以上为电器行。当初入驻的不多的几家小吃店中,仅剩"仙鹤水饺"一家。

由于紧邻自治区重点文物保护单位南薰门,小吃一条街及其周边建筑在建设之初都必须遵照文物保护条例的相关规定:周边建筑不得高于南薰门高度,地表挖掘工程不得损伤古建根基。这自然多少让日后的中山南街附近的经济发展、交通运输、市政建设受到一定程度制约,也多多少少影响了中山南街附近住户的居住与出行质量。

在"小吃一条街"东侧富强社区的楼群下,很容易找到一撮一撮的聚拢纳凉聊天的老中山南街居民,他们有的喝着茶,有的拣着菜,有坐在马扎上的、有蹲着的,轻松自然地面对彼此。和记者聊起昔日的中山南街,他们总有一肚子的故事要讲。可说起今天的中山南街,他们又似有满腹委屈和牢骚。即便如此,他们也说他们从未想过要趁早逃离这片街区。"这里是我长大的地方,有一起长大的伙伴,是我在这座城市里的根,你说我离得开吗?"简新说。

(二)中山北街

从"旗开得胜"之门说起

沿着中山南街北行,穿过解放街路口(羊肉街口),街边的路牌已变换为"中山北街",沿此街北上到北京路时,中山北街的名称也就到此为止。这段街长1.3公里,和它的"姊妹街"中山南街一样,不长不宽,沿街树荫遮日,车辆穿流不息。而它曾经的模样与故事,同样深印在银川人的记忆中。

夏季的每个清晨,都会有一辆洒水车缓缓沿北京路右拐至中山北街,自北向南一路喷洒。82岁的刘浩章晨起遛弯,看到洒水车开过来,他便会停下来,专等着呼吸水车携裹而来的那股湿润清爽之气。

刘浩章家住文化东街德胜三区,小区之名便来自古时银川城的德胜门(也称北门或北关门)。北关门里有刘浩章一家四代人的记忆。"1960年北门楼子被拆了,太可惜喽。"查阅百度百科,在中国历史上,存在过德胜门的城市,全国只有5个:北京、沈阳、吉林、合肥还有银川。如此有特殊意义的城门如今却片瓦无存,老人的惋惜情有可原。

记者从宁夏史志专家吴忠礼那里得知,古时出兵打仗,将士一般从北门出城,之所以北门取名德胜门,便是取自"旗开得胜、以德取胜、道德取胜"之意。

在刘浩章的指引下,记者在北京东路与中山北街交会处十字路口东北角,街心花园西南临街处,终于找到了昔日德胜门的标识点。标识点石碑上刻着:"据《乾隆宁夏府志》载,德胜门始筑于西夏时期,元、明、清三朝代延续之,清乾隆三年(1739年)毁于地震,五年(1741年)重修,并在原址基础上将城门和城墙向内移动近20米,即现址。20世纪60年代被拆除。"

沿街曾遍布王府、官邸

因德胜门这份特殊意义,明清两代时,中山北街还被称作德胜门大街、命我门大街、北大街。德胜门大街沿街帅府、衙署林立,府、衙里则是一派秣马厉兵、随时备战出征之态。

据吴忠礼先生考证:德胜门门内西侧,明代为镇守宁夏征西将军、总兵官的帅府和宅第,帅府西还有一座马神庙;门内东侧是皇帝亲派的监军太监府第和宁夏左屯卫衙署,这边以东也有关王庙和岳王庙各一座。德胜门大街向南临近现羊肉街口处,西边为宁夏按察司衙署(北察院),东边为真宁郡王府,临街

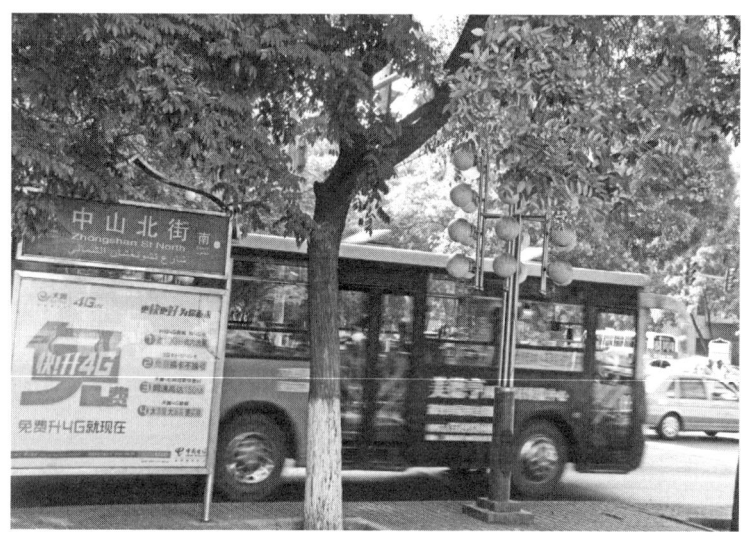

还有著名的"总理六师坊"（纪念明末名将马世龙）一座。

清朝时，德胜门大街周边变化不大，各帅府都有保留，不过是将前明帅府改为宁夏总兵署。前明庆藩真宁郡王府基本荒废，在旧地基上另建专管少数民族事务的部郎衙署。据《清实录》记载，康熙三十六年(1697年)三月二十七日，康熙曾亲赴宁夏府城（现银川市）调兵遣将、督办粮秣。康熙先出北门（德胜门）检阅绿营马步兵操练，后登南门城楼（南薰门）巡视。康熙共在宁夏府城住了18天，临时行宫就在德胜门大街（现中山北街）明清宁夏总兵宅（银河巷原银川市第一职业中学校址）。

昔日"羊肉札口"

和昔日沿街威严林立的王府、官邸相比，中山北街的街尾"羊肉札口"（现在的羊肉街口）就多出不少寻常百姓家的烟火气息。在记者溯源中山南北街期间，"羊肉札口"也是人们最常提及的一处地名。

羊肉街口的得名，自然与羊肉相关。据刘浩章和不少受访者表示，在他们的记忆中，在此街口西南角曾有两三家羊肉铺子，铺子比较简陋，路边栽了几个木桩子，上边一根横杆，新鲜的羊肉用钩子挂在横杆上，旁边摆了一个剁肉的木桩子。铺子虽然简陋，羊肉却肉质鲜美，旧时宁夏城不少有头有脸的大人物都少不了常光顾这些羊肉铺子。羊肉街口的名字就是这么被老百姓顺嘴叫开的，并沿用至今。

如今，羊肉街口可与羊肉没有一点关系。的哥老吴说："羊肉街(gai)口的红绿灯，要是不小心打个瞌睡，中山街、北京路、清和街、胜利街、南薰街那可就堵成停车场喽。"在今天，羊肉街口的交通意义远远盛名于它的由来，它是一个贯穿银川东西南北街区的重要街口，每时每刻都紧张繁忙，不得停歇。

乔建萍/文

本套丛书的编辑得到了社会各界的大力支持，在此，特别感谢所有受访者的支持和配合，感谢杨咏女士、乔建萍女士在前期编辑中的支持。同时，感谢多年来一直支持、关注《银川晚报》的读者朋友！